PRINCIPES

DE

LA TÉLÉGRAPHIE SANS FIL

ET

INSTRUCTION

POUR L'USAGE

DU BOLOMÈTRE, DE L'ONDEMÈTRE

ET DU DÉCRÉMÈTRE

PAR

M. LE LIEUTENANT DE VAISSEAU TISSOT

PARIS

IMPRIMERIE NATIONALE

SEPTEMBRE 1907

PRINCIPES

DE

LA TÉLÉGRAPHIE SANS FIL

ET

INSTRUCTION

POUR L'USAGE

DU BOLOMÈTRE, DE L'ONDEMÈTRE

ET DU DÉCRÉMÈTRE

PRINCIPES

DE

LA TÉLÉGRAPHIE SANS FIL

ET

INSTRUCTION

POUR L'USAGE

DU BOLOMÈTRE, DE L'ONDEMÈTRE

ET DU DÉCRÉMÈTRE

PAR

M. LE LIEUTENANT DE VAISSEAU TISSOT

PARIS

IMPRIMERIE NATIONALE

SEPTEMBRE 1907

PRINCIPES

DE

LA TÉLÉGRAPHIE SANS FIL.

L'objet de la télégraphie sans fil est d'établir entre deux stations des communications télégraphiques sans fil de ligne.

A ce point de vue, la télégraphie optique mériterait incontestablement le nom de télégraphie sans fil. On réserve cependant cette dernière dénomination aux procédés qui mettent en œuvre les *oscillations électriques* et utilisent les effets du *choc en retour*.

Phénomènes fondamentaux. — La soudaineté des effets du choc en retour et les procédés propres à la réalisation d'oscillations électriques puissantes étaient connus des physiciens et avaient été signalés par Bezold (1870).

Ces effets n'attirèrent cependant l'attention que lorsque Lodge et Popoff montrèrent que l'on pouvait se servir du tube à limaille (découvert par M. Branly en 1890) pour déceler les phénomènes d'induction produits par une étincelle à distance (1894).

Si logiquement la télégraphie sans fil doit être rapportée à la soudaineté des effets auxquels peut donner naissance une décharge brusque, son développement se rapporte historiquement à l'utilisation du *tube à limaille*.

Les premières applications ont été basées sur l'observation purement empirique du phénomène découvert par Branly.

On sait en quoi consiste ce phénomène.

Si l'on intercale dans le circuit d'une pile un galvanomètre et un tube à limaille, c'est-à-dire un tube de verre contenant une petite quantité de limaille métallique entre deux bouchons ou électrodes de métal, on constate que le galvanomètre demeure au zéro ou dévie à peine, le tube présentant une résistance considérable.

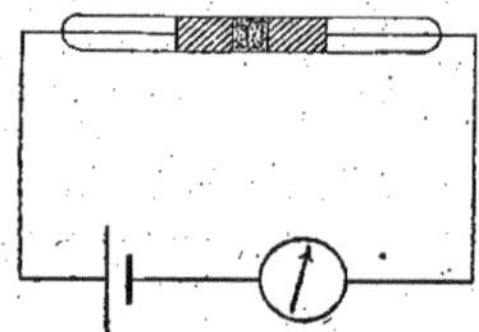

Mais que l'on vienne à faire éclater une étincelle électrique dans le voisinage, ou même assez loin du tube, et immédiatement le galvanomètre dévie et reste dévié.

L'étincelle a donc impressionné le tube et a eu pour effet de produire une chute permanente de résistance.

D'ailleurs, pour ramener le tube à l'état primitif, il suffit de lui imprimer un léger choc mécanique; il devient alors apte à recevoir une nouvelle impression.

Popoff avait tiré parti du phénomène pour obtenir l'enregistrement des décharges d'origine atmosphérique. Lodge paraît avoir songé à l'utiliser à la transmission de signaux. Ses expériences demeuraient d'ailleurs des expériences de laboratoire.

Indépendamment de Lodge et de Popoff, dont il ignorait vraisemblablement les travaux, Marconi poursuivait à la même époque (1894) des recherches analogues.

Plus hardi, il eut l'idée de sortir du laboratoire et d'opérer à des distances notables. On sait quel fut le succès de sa tentative.

Description schématique d'un poste. — Pour produire des étincelles efficaces, c'est-à-dire capables d'impressionner le tube à limaille, on pourrait se servir d'une machine statique. Il est plus commode d'employer une bobine d'induction.

L'étincelle éclate, par exemple, entre deux boules.

On a reconnu que les effets sont considérablement accrus et que la distance à laquelle le tube se trouve impressionné augmente beaucoup si l'on met les boules de l'éclateur en communication respective avec un conducteur vertical isolé, ou *antenne*, et avec la terre.

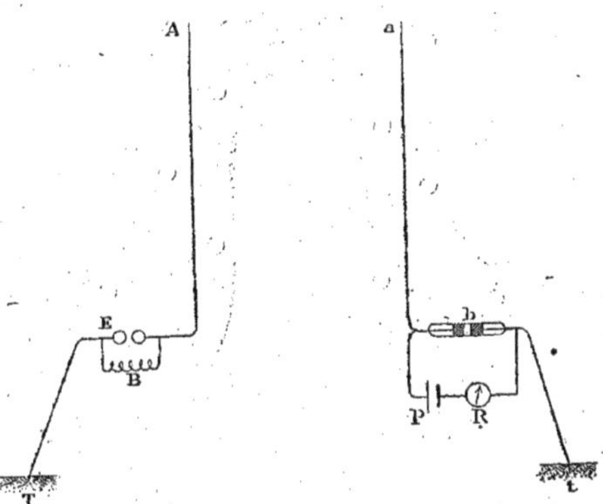

Un effet favorable analogue se produit si l'on observe les mêmes précautions à la réception, c'est-à-dire si l'on relie l'une des bornes du tube à limaille à une antenne de réception, tandis que l'autre borne est reliée à la terre.

Un poste de transmission se trouve ainsi constitué, en principe, par un *éclateur* E en relation avec les pôles d'une bobine d'induction B, une *antenne* de transmission A, et une *prise de terre* T.

Un poste de réception comprend de même une *antenne* de réception a et une *prise de terre* t, entre lesquelles est intercalé le tube à limaille b.

Afin d'enregistrer les signaux, il faut que le tube puisse être ramené automatiquement à son état primitif. Ce résultat est assuré par un *frappeur* à mouvement de sonnerie qui, mis en mouvement par le courant d'une pile locale P fermé par l'intermédiaire d'un *relais* R, vient donner au tube un choc mécanique chaque fois que s'est produite la chute de résistance.

D'ailleurs, en même temps que le frappeur, le relais commande un appareil enregistreur quelconque, un Morse, par exemple, qui inscrit sous forme de traits *courts* ou *longs* les émissions d'étincelles de durées *brèves* ou *longues* produites au transmetteur à l'aide d'une *clef* intercalée dans le circuit d'excitation.

OSCILLATIONS ÉLECTRIQUES.

Décharge d'un condensateur. — L'une des méthodes les plus simples — et la première en date — pour faire naître dans un circuit des oscillations électriques consiste à utiliser dans certaines conditions déterminées le phénomène de la décharge d'un condensateur.

Examinons donc tout d'abord ce qui se passe lorsqu'on décharge un condensateur de capacité C, dont les armatures sont portées à une différence de potentiel V, dans un circuit de résistance R présentant une self-induction. Au moment où l'étincelle éclate à la coupure entre m et n, la décharge se produit et le circuit $AmnB$ se trouve brusquement parcouru par un courant d'intensité i variable.

A un instant donné t, si q est la charge du condensateur, l'intensité du courant est

$$i = -\frac{dq}{dt}$$

(le signe — exprimant que la charge diminue, c'est-à-dire que sa variation est négative).

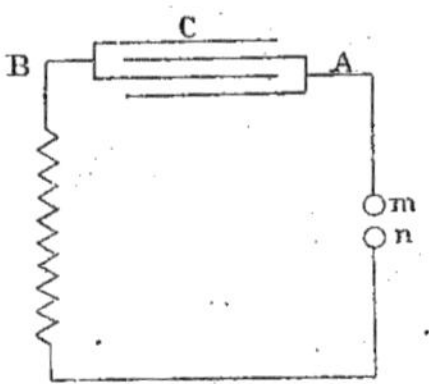

D'ailleurs l'équation générale de l'induction (uniquement fondée sur les lois classiques de l'électrodynamique et sur le principe de la conservation de l'énergie) donne la relation :

$$V = Ri + L\frac{di}{dt}.$$

Et, par suite, en tenant compte de la relation $q = CV$ satisfaite à l'instant t entre la charge q et la différence de potentiel actuelles entre les armatures du condensateur ;

$$\frac{d^2q}{dt^2} + \frac{R}{L}\frac{dq}{dt} + \frac{q}{CL} = 0,$$

équation différentielle bien connue qui permet d'obtenir la valeur $q = f(t)$ ou $i = -f'(t)$ de l'intensité en fonction du temps.

On sait que l'intégrale générale de l'équation différentielle est de la forme

$$q = Me^{\alpha' t} + Ne^{\alpha'' t},$$

M et N étant deux constantes arbitraires dont la valeur est déterminée par les conditions aux limites.

α' et α'' sont les racines de l'équation :

$$\alpha^2 + \frac{R}{L}\alpha + \frac{1}{CL} = 0.$$

Lorsque les racines sont réelles, les valeurs de q et de i sont liées au temps par une fonction exponentielle.

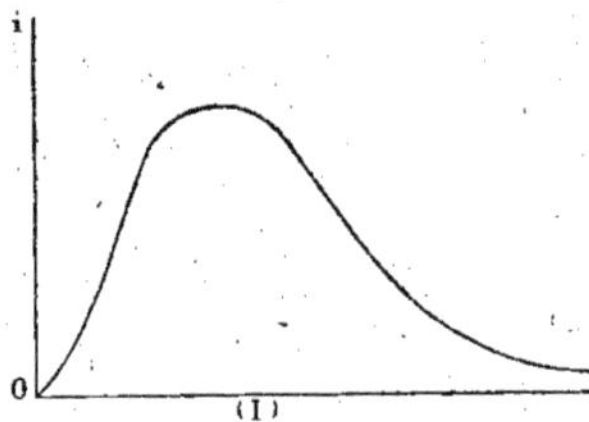

La courbe représentative de l'intensité présente la forme (I). Elle s'élève rapidement, présente un maximum, puis décroît asymptotiquement. On dit dans ce cas que la décharge est continue.

Quand les racines sont imaginaires, on peut les remplacer par des fonctions circulaires (sinus et cosinus).

Les variations de l'intensité sont *périodiques* et la courbe prend la forme (II). L'intensité finit toujours par devenir nulle, mais après une série d'*oscillations* de même période et d'amplitudes décroissantes.

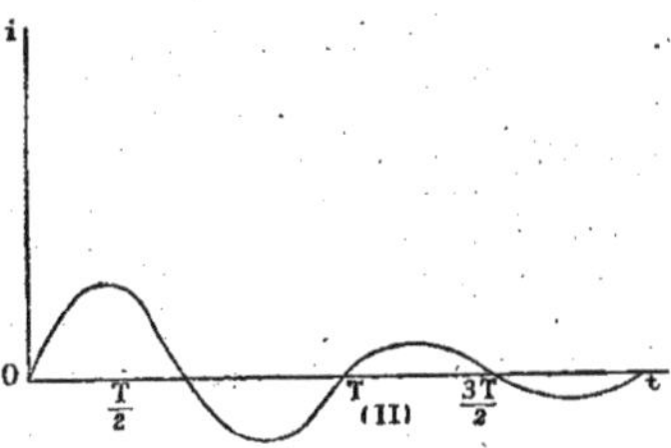

On dit alors que la décharge est *oscillante*.

Les deux formes de décharge dépendent uniquement du rapport qui existe entre les constantes du circuit.

Si $R^2 > \dfrac{4L}{C}$, la décharge est continue.

Si $R^2 < \dfrac{4L}{C}$, la décharge est oscillante.

Feddersen, qui a fait le premier l'étude expérimentale du phénomène, a vérifié les principales conséquences de la théorie en photographiant l'image de l'étincelle dissociée par un miroir tournant animé d'un mouvement de rotation rapide.

On conçoit que le procédé puisse permettre de reconnaître le caractère oscillatoire d'une décharge et d'évaluer l'ordre de grandeur de la période.

Quand la décharge est oscillante, c'est le cas qui nous intéresse ici, l'expression de l'intensité se simplifie lorsque R est petit.

On a alors :

$$i = \frac{q}{\sqrt{CL}}\, e^{\frac{R}{2L}t}\, \sin \frac{1}{\sqrt{CL}}t,$$

L'intensité s'annule aux époques

$$t = \theta_1\, \theta_2 \ldots \ldots \theta_n$$

telles que

$$\sin \frac{1}{\sqrt{CL}}t = 0.$$

La période est l'intervalle de temps qui sépare deux époques où l'intensité s'annule en conservant le même signe.

Elle a donc pour valeur :

$$T = 2\pi\sqrt{LC}.$$

La rapidité de décroissance de l'intensité des oscillations successives, ou l'*amortissement*, peut être mesuré par le rapport des amplitudes de deux oscillations consécutives ou par le logarithme népérien du rapport de ces amplitudes. C'est ce que l'on appelle le *décrément logarithmique*.

Sa valeur est $\delta = \dfrac{R}{2L}\,T$.

Ainsi, il y a un amortissement dans le phénomène de la décharge, comme il y a un amortissement dans le mouvement d'un pendule dans un milieu résistant, et dans celui du cadre d'un galvanomètre apériodique.

Ce qui cause l'amortissement de la décharge, c'est qu'il se produit une dissipation progressive de l'énergie emmagasinée dans le diélectrique du condensateur.

Cette dissipation d'énergie est due dans le cas présent à la production dans le circuit d'effets calorifiques (effets Joule).

Nous avons supposé la capacité toute entière concentrée en un point du circuit, et la self-induction répartie sur une longueur relativement courte. Examinons maintenant le cas où la capacité, la self-induction et la résistance sont réparties d'une manière *homogène* tout le long du circuit.

Propagation d'une perturbation le long d'un conducteur. — Nous supposerons que la capacité, la self-induction et la résistance sont réparties d'une manière homogène le long du conducteur.

Il y a alors une capacité C_1, une self-induction L_1 et une résistance R_1 par unité de longueur.

La résistance d'un élément de longueur dx est $R_1 dx$. La self-induction est $L_1 dx$. Et la différence de potentiel entre deux points situés sur le conducteur, à des distances x et $x + dx$ de l'origine, est $-\dfrac{dV}{dx}\,dx$.

La relation générale de l'induction, appliquée à l'élément dx situé à une distance x de l'origine, donne :

$$-\frac{dV}{dx}\,dx = R_1 i\,dx + L_1 dx \cdot \frac{di}{dt},$$

c'est-à-dire :

$$-\frac{dV}{dx} = R_1 i + L_1 \frac{di}{dt}.$$

Si l'on désigne par q_1 la charge par unité de longueur, la charge de l'élément dx est $q_1 dx$.

La vitesse de variation de charge $\dfrac{dq_1}{dt} \cdot dx$ est égale à la variation du courant de x à $x + dx$, c'est-à-dire à $\dfrac{di}{dx}\,dx$.

Donc $\dfrac{dq_1}{dt} = \dfrac{di}{dx}$ comme d'ailleurs $\dfrac{dq_1}{dt} = -C_1 \dfrac{dV}{dt}$.

On a en définitive le système d'équations :

$$\left\{ \begin{aligned} -\frac{dV}{dx} &= R_1 i + L_1 \frac{di}{dt} \\ \frac{di}{dx} &= -C_1 \frac{dV}{dt}. \end{aligned} \right.$$

Différentions la première par rapport à x et la deuxième par rapport à t :

$$-\frac{d^2V}{dx^2} = R_1 \frac{di}{dx} + L_1 \frac{di}{dx\,dt},$$

$$\frac{d^2 i}{dx\,dt} = -C_1 \frac{d^2V}{dt^2}.$$

D'où $\dfrac{d^2V}{dx^2} - C_1 R_1 \dfrac{dV}{dt} - C_1 L_1 \dfrac{d^2V}{dt^2} = 0$ (équation des télégraphistes).

1° R_1 **négligeable.** — Examinons d'abord le cas où R_1 est très petit ou, plus exactement, le cas où $C_1 R_1$ est négligeable devant $C_1 L_1$: c'est celui qui se trouvera sensiblement réalisé dans les circuits que nous aurons à considérer.

Le deuxième terme de l'équation disparaît et l'équation aux dérivées partielles se réduit à :

$$\frac{d^2V}{dt^2} = \frac{1}{C_1 L_1} \frac{d^2V}{dx^2},$$

c'est-à-dire à la forme bien connue de l'équation des *cordes vibrantes*, et admet comme intégrale générale :

$$V = \varphi\left(x + \frac{1}{\sqrt{C_1 L_1}} t\right) + \psi\left(x - \frac{1}{\sqrt{C_1 L_1}} t\right),$$

φ et ψ étant deux fonctions arbitraires.

Ce que l'on peut interpréter en disant que l'état électrique du fil à une distance x de l'origine et au temps t est le même que si deux perturbations parties au temps $t = 0$ de l'origine se propageaient en sens inverse *sans déformation* avec la même vitesse $\frac{1}{\sqrt{C_1 L_1}}$.

On ramène le cas du fil limité au cas du fil illimité en disposant de l'état initial de la portion ajoutée de manière à ce que les conditions aux limites se trouvent satisfaites d'elles-mêmes à tout instant.

Si l'extrémité du fil $x = 0$ est en communication avec le sol ou une grande capacité, on doit avoir, quel que soit t, $V = 0$ pour $x = 0$, c'est-à-dire

$$\varphi\left(\frac{1}{\sqrt{C_1 L_1}} t\right) = -\psi\left(-\frac{1}{\sqrt{C_1 L_1}} t\right).$$

Posons pour simplifier l'écriture $\frac{1}{\sqrt{C_1 L_1}} t = y$.

La condition $\varphi(y) = -\psi(-y)$ donne, en changeant y en $-y$,

$$\varphi(-y) = -\psi(y).$$

Si donc on a au point x

$$V = \varphi\left(x + \frac{1}{\sqrt{C_1 L_1}} t\right) + \psi\left(x - \frac{1}{\sqrt{C_1 L_1}} t\right),$$

on devra avoir au point $-x$ pour que V conserve la valeur zéro à l'origine :

$$V_1 = \varphi\left[-\left(x - \frac{1}{\sqrt{C_1 L_1}} t\right)\right] + \psi\left[-\left(x + \frac{1}{\sqrt{C_1 L_1}} t\right)\right] = -V,$$

c'est-à-dire qu'il faut à tout instant attribuer aux éléments situés symétriquement de part et d'autre de l'origine des potentiels égaux et de signes contraires. Et l'on peut se représenter le phénomène en imaginant que deux ébranlements identiques partent en même temps et en sens contraire de deux points symétriquement placés.

Les ondes, positive et négative, arrivent en même temps à l'origine, puis se pénètrent réciproquement, de sorte que tout se passe comme si l'onde positive, après avoir atteint l'extrémité, se propageait en sens inverse.

Il y a donc réflexion du potentiel (avec changement de signe dans le cas présent) à l'extrémité d'un fil limité. On étendrait aisément le raisonnement avec modification évidente, au cas où les deux extrémités sont isolées.

Supposons toujours R négligeable.

L'intégrale générale de l'équation

$$\frac{d^2V}{dt^2} = \frac{1}{C_1 L_1}\frac{d^2V}{dx^2}.$$

ou

$$(1) \qquad \frac{d^2V}{dt^2} = v^2 \frac{d^2V}{dx^2}.$$

peut être mise sous forme de série trigonométrique.

Dans le cas où l'ébranlement est une vibration harmonique, il est facile de trouver une solution particulière.

Supposons, par exemple, que l'on pose :

$$(2) \qquad V = A\cos 2\pi\frac{t}{T}$$

et cherchons à satisfaire à l'équation différentielle en prenant :

$$V = f(x)\cos 2\pi\frac{t}{T},$$

l'amplitude $f(x)$ étant variable avec la distance à l'origine. La relation (3) donne par différentiation :

$$\frac{dV}{dt} = \frac{2\pi}{T}f(x)\cos 2\pi\frac{T}{t},$$

$$\frac{d^2V}{dt^2} = \frac{4\pi^2}{T^2}f(x)\sin 2\pi\frac{t}{T}.$$

En substituant dans l'équation (1)

$$f''(x) = -\frac{4\pi^2}{v^2}\frac{1}{T^2}f(x),$$

ou en posant

$$\lambda = vT \qquad f''(x) = -\left(\frac{2\pi}{\lambda}\right)^2 f(x),$$

équation qui s'intègre immédiatement et donne :

$$f(x) = A\sin 2\pi\frac{x}{\lambda} + B\cos 2\pi\frac{x}{\lambda},$$

les conditions aux limites fixent les valeurs de A et B.

Prenons, par exemple, le cas d'un fil isolé à l'une des extrémités et relié à la terre à l'autre extrémité.

Alors, pour $x = 0$, $V = 0$, c'est-à-dire $f(x) = 0$ quel que soit t,

et, pour $x = l$, $V = A\cos 2\pi\frac{t}{T}$, c'est-à-dire $f(x) = A$.

D'où

$$B = 0 \qquad \text{et} \qquad \sin 2\pi\frac{l}{\lambda} = 1$$

ou

$$2\pi\frac{l}{\lambda} = (2m+1)\frac{\pi}{2},$$

c'est-à-dire

$$l = (2m+1)\frac{\lambda}{4}.$$

Si la longueur du fil est égale à $\frac{\lambda}{4}$ $3\frac{\lambda}{4}$ $5\frac{\lambda}{4}$ . . . il y a une onde stationnaire le long du fil avec nœud de tension à l'extrémité reliée à la terre et ventre de tension à l'autre extrémité.

La valeur $m = 0$ donne $l = \frac{\lambda}{4}$; il n'y a qu'un seul nœud de tension sur le fil, celui qui se trouve à l'extrémité reliée à la terre : c'est l'oscillation fondamentale.

A une valeur quelconque et entière de m correspond une oscillation supérieure pour laquelle V est maximum à toute époque aux points :

$$\frac{l}{2m+1}, \qquad \frac{3l}{2m+1}, \qquad \frac{5l}{2m+1} l,$$

qui sont des ventres de tension, et nul aux points :

$$0 \quad \frac{2l}{2m+1}, \qquad 2 \quad \frac{2l}{2m+1} \cdots$$

qui sont des nœuds de tension.

De la relation entre V et x :

$$V = A \sin 2\pi \frac{x}{\lambda} \cos 2\pi \frac{t}{T},$$

on tire :

$$\frac{dV}{dt} = -\frac{2\pi A}{T} \sin 2\pi \frac{x}{\lambda} \sin 2\pi \frac{t}{T}.$$

D'où :

$$\frac{di}{dx} = \frac{2\pi A C_1}{T} \sin 2\pi \frac{x}{\lambda} \sin 2 \frac{\pi t}{T}$$

et

$$i = -A \sqrt{\frac{C_1}{L_1}} \cos 2\pi \frac{x}{\lambda} \sin 2\pi \frac{t}{T},$$

en tenant compte de la relation $\lambda = vT$ et de l'expression de v,

$$v = \frac{1}{\sqrt{C_1 L_1}}.$$

La distribution des intensités suit donc la même loi que la distribution des tensions.

Mais l'intensité est décalée de $\frac{1}{4}$ de période par rapport à la tension, c'est-à-dire qu'il y a un nœud d'intensité partout où il y a un ventre de tension, et inversement.

R différent de zéro. — L'équation :

$$\frac{d^2V}{dx^2} - C_1 R_1 \frac{dV}{dt} - C_1 L_1 \frac{d^2V}{dt^2} = 0$$

a été intégrée d'une manière tout à fait générale par M. Poincaré à l'aide des fonctions de Bessel.

Une solution simple est fournie par l'expression :

$$V = A e^{\rho t} \sin 2\pi \frac{x}{\lambda}$$

avec

$$\rho^2 + \frac{R_1}{L_1}\rho + \frac{1}{CL} - \left(\frac{2\pi}{\lambda}\right)^2 = 0,$$

soit

$$\rho = -\frac{R_1}{2L_1} \pm \sqrt{\frac{R_1^2}{LL_1^2} - \frac{1}{C_1 L_1}\left(\frac{2\pi}{\lambda}\right)^2}.$$

Le terme $\dfrac{R_1^2}{L L_1}$ est négligeable devant $\dfrac{1}{C_1 L_1}\left(\dfrac{2\pi}{\lambda}\right)^2$.

Par suite, on peut écrire :

$$\rho = -\frac{R_1}{2L_1} \pm i \sqrt{\frac{1}{C_1 L_1}\left(\frac{2\pi}{\lambda}\right)^2}, \qquad i = \sqrt{-1}$$

ou

$$\rho = -\frac{R_1}{2L_1} \pm i \cdot b.$$

L'intégrale générale de l'équation peut alors être mise sous la forme :

$$V = A \sin 2\pi \frac{x}{\lambda} \cdot e^{-\frac{R_1}{2L_1}} \times \left[p e^{ibt} + q e^{-ibt} \right]$$

ou sous forme réelle en tenant compte des conditions aux limites qui sont identiques aux précédentes au facteur $e^{\frac{R_1}{2L_1}t}$ près :

$$V = ae^{-\frac{R_1}{2L_1}t} \cdot \sin 2\pi \frac{x}{\lambda} \cdot \cos \left(\frac{1}{\sqrt{C_1 L_1}} - \frac{2\pi}{\lambda} \right)t$$

ou

$$V = ae^{-\frac{R_1}{2L_1}t} \cdot \sin 2\pi \frac{x}{\lambda} \cdot \cos 2\pi \frac{t}{T}$$

avec

$$\lambda = \frac{1}{\sqrt{C_1 L_1}} T,$$

relation identique, au facteur exponentiel $e^{-\frac{R_1}{2L_1}t}$ près, à celle qui a été discutée ci-dessus.

Le phénomène présentera donc la même allure générale : propagation le long du fil d'une onde qui s'amortit toute entière au même taux $e^{-\frac{R_1}{2L_1}t}$ en conservant la même forme, réflexion de l'onde (avec ou sans changement de signe) aux extrémités, et production d'ondes stationnaires avec la distribution de nœuds et de ventres qui a été étudiée.

Ordre de grandeur de la vitesse de propagation. — La vitesse de propagation d'une perturbation ou d'une onde le long d'un fil est donnée par l'expression $v = \dfrac{1}{\sqrt{C_1 L_1}}$ où C_1 et L_1 désignent la capacité et la self-induction par unité de longueur. Numériquement, l'expression $\dfrac{1}{\sqrt{C_1 L_1}}$ donnera la vitesse de propagation en centimètres par seconde si l'on exprime C_1 et L_1 dans le même système d'unités.

Considérons le cas d'un conducteur filiforme isolé et infiniment éloigné de tout autre conducteur.

La capacité d'un pareil conducteur de longueur l et de rayon r est, en unités électrostatiques :

$$C = \frac{l}{2\,\mathcal{L}\frac{l}{r}}.$$

La self-induction pour des courants superficiels a pour valeur :

$$L = 2l\left[\ell\frac{2l}{r} - 1\right]$$

ou

$$L = 2l\left[\ell\frac{l}{2} + 0,7 - 1\right].$$

Si le rapport $\frac{r}{l}$ est grand, on peut négliger dans la parenthèse le terme $0,7 - 1 = -0,3$ et écrire simplement $L = l.\,2\ell\frac{l}{r}.$

Or

$$C_1 = \frac{C}{l}, \qquad L_1 = \frac{L}{l}.$$

Par suite, quand on exprime C_1 en U.E.S et L_1 en U.E.M, on a, pour un fil isolé, $C_1 L_1 = 1$, c'est-à-dire $\dfrac{1}{\sqrt{C_1 L_1}}.$

Si l'on exprime C_1 en U.E.M comme L_1, on a : $C_1 = \Omega^2 C_1$.

Et

$$\frac{1}{\sqrt{C_1 L}} = \frac{\Omega}{\sqrt{C_1 L_1}},$$

c'est-à-dire dans le cas présent $V = \Omega$.

On sait que la quantité Ω qui s'introduit dans le rapport des unités E.S. et E.M. est numériquement égale à la *vitesse de la lumière*.

Productions d'ondes stationnaires. — Dans le cas d'un conducteur quelconque, la relation subsiste. Mais le produit $C_1 L_1$ pouvant prendre des valeurs très différentes de 1, la vitesse de propagation des perturbations prend des valeurs différentes de la vitesse de la lumière et d'ailleurs toujours plus faibles.

En enroulant un fil en spires plus ou moins serrées, c'est-à-dire en solénoïde cylindrique, on peut augmenter les valeurs de L_1 et de C_1 tout en conservant à C_1 et L_1 une répartition sensiblement uniforme le long de l'axe, de sorte qu'un solénoïde AB se comporte comme un conducteur filiforme de longueur AB qui aurait par unité de longueur une capacité et une self-induction notables.

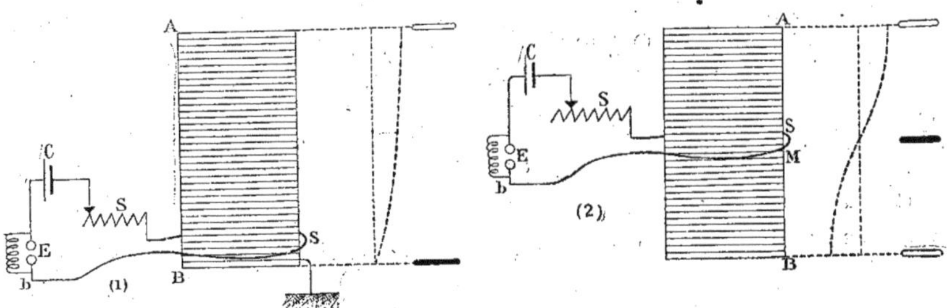

La vitesse de propagation $\dfrac{1}{\sqrt{C_1 L_1}}$ prend alors une valeur relativement faible et les ondes stationnaires peuvent être mises en évidence avec une grande netteté.

Un solénoïde AB relié à la terre en B (c'est-à-dire à une grande capacité) et isolé en A vibre comme un tuyau ouvert, en présentant en B un nœud et en A un ventre de tension.

Un solénoïde isolé en A et B vibre comme un tuyau ouvert avec un ventre de tension ou un nœud d'intensité en A et en B. Pour faire naître ces ondes stationnaires, il suffit d'attaquer le solénoïde par induction à l'aide d'un circuit excitateur dans lequel se produisent des oscillations de période convenable, de même que pour faire naître des ondes stationnaires dans un tuyau il suffit d'attaquer la colonne d'air avec un diapason d'un nombre de vibrations donné. Le dispositif est d'ailleurs des plus simples.

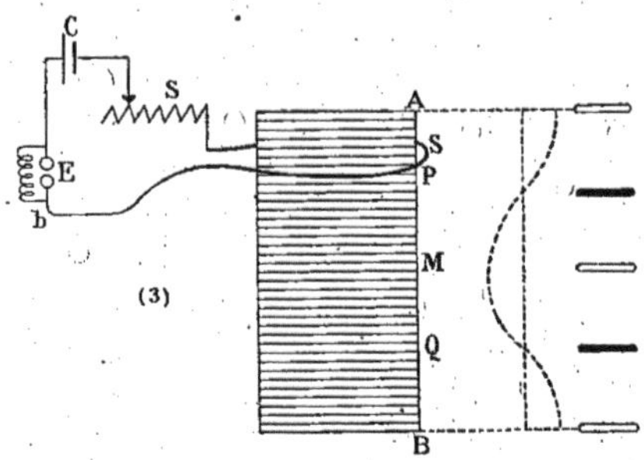

Le circuit excitateur comprend une spire S qui entoure le solénoïde AB, un condensateur C et un éclateur E relié à une bobine d'induction.

Un solénoïde auxiliaire *s*, dont un curseur mobile permet d'intercaler dans le circuit un nombre de spires variables, permet de modifier la période du circuit excitateur de manière à lui donner la valeur voulue.

En promenant le long de l'axe du solénoïde, et parallèlement au plan des spires, un tube à vide, le tube s'illumine aux ventres de tension, tandis qu'il demeure obscur aux nœuds.

Il convient d'ailleurs de disposer la spire excitatrice *s* en regard de la région du solénoïde où l'on désire voir se produire un nœud de tension, c'est-à-dire un ventre d'intensité. (De même que l'on attaque une corde vibrante par l'archet au point où l'on désire donner naissance à un ventre.)

Pour un réglage convenable du circuit excitateur, on obtient, alors les aspects suivants :

En (1) solénoïde relié à la terre, attaqué par l'extrémité B : nœud de tension en B, ventre en A.

En (2) solénoïde isolé, attaqué par le milieu M : nœud de tension en M, ventres en A et B.

En (3) solénoïde isolé, attaqué au quart de la longueur [par une oscillation de fréquence deux fois plus grande qu'en (2)] :

Nœuds de tension en P et Q.

Ventres en A, B et M., etc.

Les ventres d'intensité peuvent aussi être mis directement en évidence à l'aide de petites lampes à incandescence intercalées dans le solénoïde.

ONDES ÉLECTRIQUES.

Les vues de Maxwell. — Ainsi l'électrodynamique ancienne permettait de prévoir qu'une perturbation électrique est susceptible de se propager le long d'un conducteur avec la vitesse de la lumière.

Une vitesse de propagation de l'ordre de grandeur de la vitesse de la lumière joue donc un rôle important dans les actions électriques. C'est en essayant d'en rendre compte que Maxwell a été amené à modifier profondément la conception des phénomènes électriques, et à conclure que la propagation des effets d'induction n'est pas instantanée.

Vingt-cinq ans plus tard, Hertz donnait la confirmation expérimentale des idées de Maxwell et établissait que ce n'est pas seulement dans les conducteurs, mais aussi dans les diélectriques que les perturbations électriques se propagent avec une vitesse finie — égale (ou voisine) de la vitesse de la lumière dans le vide.

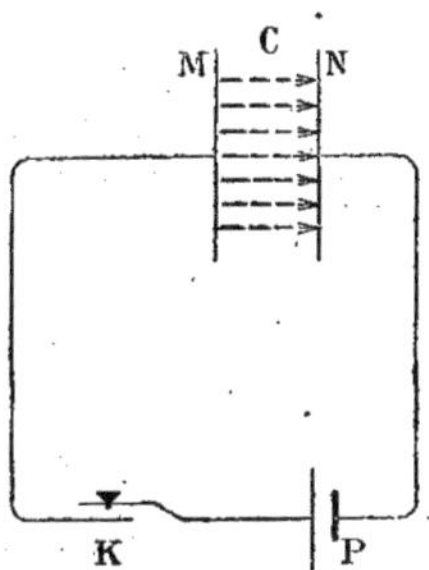

On connaît l'origine des vues de Maxwell sur la constitution des diélectriques dont Faraday avait pressenti le rôle.

Quand on ferme le circuit d'une pile P dont les pôles sont reliés respectivement aux armatures M et N d'un condensateur C, le circuit devient le siège d'un courant temporaire de durée très courte; c'est le courant de charge du condensateur.

Dans les vues anciennes, le circuit, même quand la clef K est abaissée, est un circuit *ouvert* puisqu'il y a un isolant entre les armatures M et N.

Pour Maxwell ce courant est *fermé* par le diélectrique qui est le siège, pendant la durée extrêmement courte du courant de charge, d'un phénomène électrique analogue à un transport d'électricité, c'est-à-dire à un courant. Si ce courant ne s'établit pas et ne *dure* pas dans le diélectrique, c'est que le diélectrique oppose au mouvement de l'électricité une *résistance* d'une autre nature que la *résistance* du conducteur. Cette résistance est de nature *élastique* de sorte que le phénomène qui se produit dans le diélectrique qui sépare les armatures peut être assimilé à une *déformation* du milieu avec tension des lignes de force (*strain*) dans le sens du champ.

Maxwell suppose que l'effet électrique se propage de proche en proche dans le diélectrique qui sépare les armatures. Cette propagation dans le diélectrique qui correspond à la mise en jeu d'une certaine quantité d'électricité est analogue à un courant. Mais pour distinguer le phénomène du courant de *conduction*, c'est-à-dire de celui qui se passe dans les conducteurs, on lui donne le nom de courant de *déplacement* ou de *courant diélectrique*.

Pour expliquer que le courant diélectrique a une durée très courte, on dira que la création d'un pareil courant dans un milieu diélectrique fait naître une force électromotrice qui s'oppose au courant et tend à lui devenir égale : à ce moment il y a équilibre.

Propagation par ondes. — D'après ces idées, toute variation de charge d'un condensateur ou, plus généralement de tout conducteur plongé dans un diélectrique, donne lieu à un courant de conduction dans le conducteur et à un courant de déplacement dans le diélectrique.

Le *déplacement électrique* par surface s est la quantité d'électricité qui traverse s.

Si l'on désigne par C la capacité du condensateur, par d la distance des armatures de surface S, par E la différence du potentiel de charge, on a :

Déplacement

$$h = \frac{CE}{S},$$

comme

$$C = \frac{KS}{4\pi d}.$$

K (constante diélectrique)

$$h = \frac{K}{4\pi} \cdot \frac{E}{d} = \frac{K}{4\pi} \cdot e$$

en désignant par e la variation de potentiel par unité de longueur ou, ici, f, e, m par unité de volume du diélectrique.

Remarquons que h est exprimé en U. E. S. Si on l'exprime en U. E. M. il faudra écrire :

$$h = \frac{K}{4\pi} \cdot \frac{1}{\Omega} e.$$

Ω, rapport des unités.

Par analogie avec le courant de conduction $i = \frac{dq}{dt}$ on définit le courant diélectrique par le rapport $\frac{dh}{dt}$.

On a alors

$$u = \frac{dh}{dt} = \frac{K}{4\pi} \frac{1}{\Omega} \frac{de}{dt},$$

i et h se trouvant exprimés en unités du même système.

Si l'on exprime u en U. E. M. et h en U. E. S. il faudra écrire

$$u = \frac{1}{\Omega} \frac{dh}{dt},$$

c'est-à-dire :

$$u = \frac{K}{4\pi} \frac{1}{\Omega^2} \frac{de}{dt}.$$

Telle est l'expression du *courant diélectrique*.

Maxwell admet que ce courant diélectrique crée un champ magnétique comme un courant de conduction.

Le travail d'un courant d'intensité i sur un pôle magnétique de masse unité, qui se déplace sur une courbe fermée quelconque entourant le circuit, a pour valeur $4\pi i$.

Imaginons un courant distribué dans tout le milieu et considérons la composante u de ce courant dirigée selon l'axe des Z. Supposons qu'une masse magnétique unité se déplace sur un contour rectangulaire $dxdy$, le courant, qui a pour valeur u par unité de surface et dont la distribution est homogène, est égal à :

$$udxdy.$$

Si le champ magnétique a pour composantes X, Y, Z, le travail des forces magnétiques est

$$Xdx + Ydy = \left(\frac{dX}{dy} - \frac{dY}{dx}\right) dxdy,$$

en vertu d'une relation connue (théorème de Stokes).

Et par suite

$$\frac{dX}{dy} - \frac{dY}{dx} = 4\pi u.$$

Pour prendre un cas particulièrement simple, nous supposerons que le courant diélectrique constitue une nappe plane indéfinie parallèle au plan des yz et que le champ magnétique se réduise à la composante Y, parallèle à l'axe des Y.

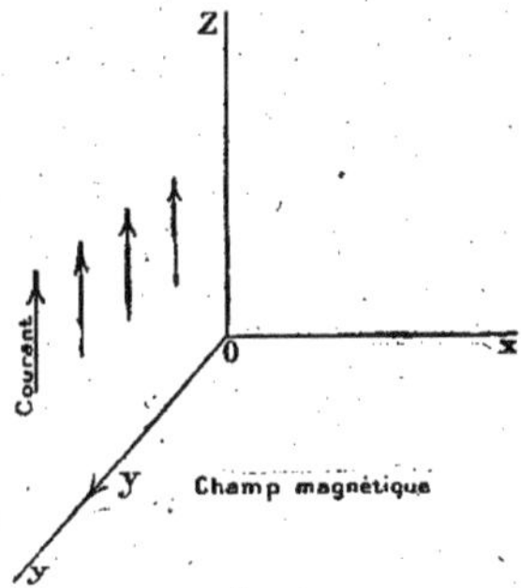

On aura alors simplement :

$$4\pi u = \frac{dY}{dx}.$$

Pour obtenir une relation où figure la force électromotrice d'induction, considérons un élément de circuit parallèle à OZ se déplaçant perpendiculairement à la composante Y du champ magnétique avec la vitesse $\frac{dx}{dt}$.

La force électromotrice induite dans ce circuit est :

$$e_1 = -Y\frac{dx}{dt}.$$

Conservant le point de vue de Faraday, on admet que la force électromotrice induite est représentée par la variation du flux de force magnétique, c'est-à-dire que l'on peut écrire :

$$e_1 = \frac{dP}{dt}.$$

Nous avons trouvé plus haut une autre relation où figure une force électromotrice :

$$h = \frac{K}{4\pi}\cdot\frac{1}{\Omega}e.$$

On supposera que l'on peut écrire $e = e_1$.

C'est-à-dire que la force électromotrice induite est égale à la force électrique définie par les actions électro-statiques : en d'autres termes on admet *l'unité de la force élec-trique*.

La relation

$$h = \frac{K}{4\pi}\frac{1}{\Omega}e$$

a conduit à l'expression :

$$4\pi u = \frac{K}{\Omega^2}\frac{de}{dt},$$

c'est-à-dire

$$4\pi u = \frac{K}{\Omega^2}\frac{d^2P}{dt^2}.$$

Mais

$$e = e_1 = -Y\frac{dx}{dt} = \frac{dP}{dt} = \frac{dP}{dx}\cdot\frac{dx}{dt},$$

ou

$$Y = -\frac{dP}{dx},$$

$$4\pi u = -\frac{dY}{dx} = +\frac{d^2P}{dx^2}.$$

Par suite

$$\frac{K}{\Omega^2}\frac{d^2P}{dt^2} + \frac{d^2P}{dx^2} = 0.$$

C'est l'équation différentielle de la propagation d'un ébranlement dans un milieu élastique.

Elle admet l'intégrale générale :

$$P = \varphi\,(x+at) + \psi\,(x-at),$$

où la constante a prend la valeur :

$$a = \frac{\Omega}{\sqrt{K}}.$$

L'état du milieu se propage de proche en proche dans le diélectrique, par ondes, avec une vitesse constante $\frac{\Omega}{\sqrt{K}}$, égale dans le vide ($K = 1$) à la vitesse de la lumière.

Expériences de Hertz. — Le courant électrique $u = \frac{K}{4\pi}\cdot\frac{1}{\Omega^2}\frac{de}{dt}$ s'ajoute au courant de conduction pendant la période variable et existe seul dans les isolants.

Pour des variations, même assez fréquentes, il est négligeable. Les équations de Maxwell conduiront donc aux mêmes résultats que les relations de l'électrodynamique anciennes pour les variations lentes.

Les termes complémentaires introduits ne pourront prendre de l'importance que si les variations sont extrêmement rapides.

De là l'idée des expériences de Hertz.

Nous avons vu que la décharge d'un condensateur de capacité C, dans un circuit de self-induction L, et de résistance négligeable, donne naissance à des oscillations de période

$$T = 2\pi\sqrt{LC}.$$

Pour obtenir des variations extrêmement rapides de l'état du champ Hertz a disposé un circuit de décharge, de capacité et de self-induction très faibles, c'est-à-dire capable de produire des oscillations électriques très rapides.

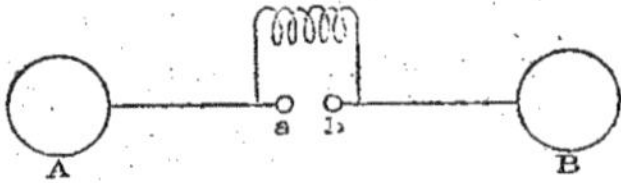

On connaît la forme classique de l'*excitateur* de Hertz.

Il se compose de deux capacités A et B (sphères ou plaques métalliques) réunies l'une à l'autre par un conducteur rectiligne. Une coupure est ménagée en *ab* au milieu de ce conducteur et chacune des moitiés de l'appareil *symétrique* ainsi obtenu est reliée à l'un des pôles d'une bobine d'induction.

Lorsque la bobine fonctionne, les capacités A et B se chargent et prennent des potentiels égaux et de signe contraire. Quand la différence des potentiels devient suffisante, une étincelle éclate à la coupure et les oscillations se produisent.

Le milieu dans lequel est plongé l'excitateur devient alors le siège de perturbations rapides (5o millions par seconde dans l'appareil de Hertz).

Ces perturbations se propagent sous forme d'ondes progressives dans le milieu diélectrique.

On sait comment Hertz a montré l'existence de ces ondes, c'est-à-dire a établi l'existence d'une *vitesse finie* de propagation.

Pour mettre en évidence les phénomènes d'induction provoqués en un point par le passage de l'onde électrique, Hertz se servait d'un cercle de cuivre présentant une coupure étroite. En donnant à ce cercle des dimensions convenables, on peut l'*accorder* avec l'excitateur.

Placé dans le champ, il devient alors le siège de courants induits de même fréquence que ceux auxquels la décharge oscillante a donné naissance dans l'excitateur, et un flux d'étincelles très petites se produit à la coupure.

On peut interpréter le phénomène en disant que l'appareil vibre à l'unisson de l'oscillateur, comme une corde sous l'influence d'un diapason synchrone : on lui a donné le nom de *résonateur*.

Plus l'effet exercé sur le résonateur est grand, plus nourri est le flux d'étincelles à la coupure, c'est-à-dire plus elles sont brillantes. Le résonateur peut donc servir à explorer le champ de l'excitateur.

La méthode employée par Hertz pour démontrer la propagation d'un phénomène périodique dans le milieu consiste à produire des ondes *stationnaires* en faisant interférer les ondes directes émises par l'excitateur AB avec les ondes réfléchies par un plan métallique MN placé à distance.

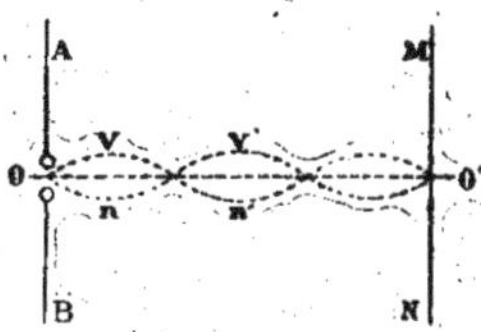

L'expérience montre que lorsqu'on déplace le résonateur le long de OO', il y a des points V, V'..... où les étincelles sont particulièrement brillantes, et des points n, n'..... où elles deviennent imperceptibles : c'est-à-dire qu'il se produit des ventres et des nœuds.

On a donc la reproduction pour les ondes électriques de l'expérience classique de N. Savart pour les ondes sonores.

L'expérience de Hertz démontre l'existence d'une vitesse de propagation *finie*.

Elle permet même d'en obtenir la valeur approximative. A la vérité, la valeur trouvée par Hertz ne concordait pas avec celle de la vitesse de la lumière. Mais d'autres expériences plus récentes dans le détail desquelles nous ne pouvons entrer ont montré que telle devait en être l'interprétation : *un excitateur émet des flux transverses qui se propagent dans le vide avec la vitesse de la lumière.*

Mécanisme de la propagation. — Comment se propage l'état du champ?

Avant que l'étincelle éclate, les deux moitiés de l'excitateur ont des charges égales et de signe contraire.

Si l'on représente le champ électrique par des lignes de force, leur disposition affecte l'aspect de la figure (1) : le flux est dirigé dans le sens des flèches, c'est-à-dire des charges positives aux charges négatives.

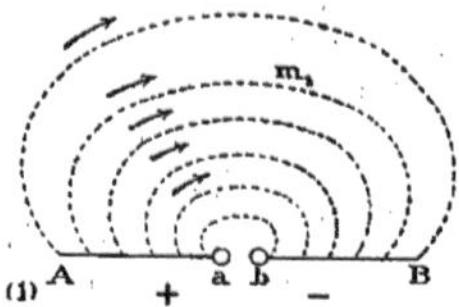

Quand la décharge oscillante se produit, les signes des charges s'inversent alternativement sur Aa et Bb—.

A la distribution primitive de la figure (1) succède donc une distribution identique où le flux a un sens opposé. Si les champs de sens opposés créés dans le milieu se succèdent simplement l'un à l'autre, l'état de « tension élastique » qui résulte du premier a le temps de disparaître et de se dissiper sur place, avant l'établissement du suivant.

Mais, si les oscillations sont rapides, l'inertie du milieu s'oppose à la brusque inversion des lignes de flux.

Pendant la décharge, les charges se déplacent en sens inverse, de A vers a et de B vers b.

Une ligne de force quelconque m tend donc à se resserrer progressivement tandis que ses extrémités s'approchent de a et b.

[Figure (2) et figure (3).]

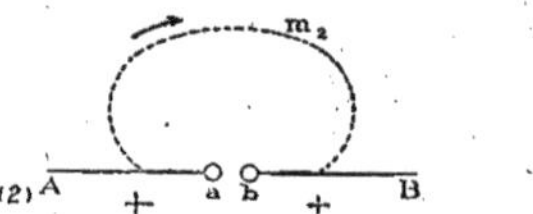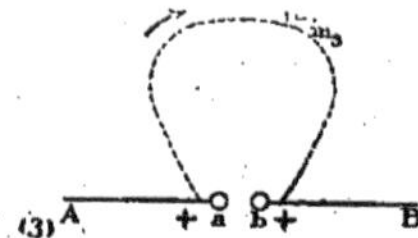

La décharge étant oscillante, les charges continuent à se déplacer en allant de b vers B pour les positives, de a vers A pour les négatives.

Il y a à la fois tendance à la création d'une nouvelle ligne de force dans le sens bca et à la conservation de l'ancien état, traduit schématiquement par l'existence de la ligne m_4 [fig. (4)].

D'où *sectionnement* de la ligne de force en c.

La ligne de force primitive m se ferme en formant une boucle m_5 qui s'élargit en se déplaçant dans la direction de propagation [fig. (5) et fig. (6)].

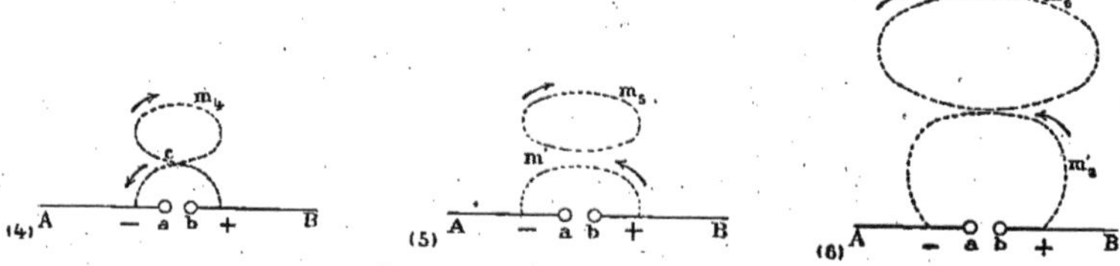

Le phénomène se reproduit à chaque alternance. A mesure qu'une *boucle* se détache et se propage en s'élargissant, une nouvelle ligne de flux prend naissance, se déforme et se détache à son tour pour suivre la précédente.

D'ailleurs, la propagation de ces lignes de flux électrique donne naissance à un flux magnétique.

Il est facile d'établir que la direction du flux magnétique est perpendiculaire à la fois à la direction du flux électrique et à celle de la propagation.

A grande distance la surface sur laquelle sont répartis les états de *même phase* dans le milieu, c'est-à-dire la *surface d'onde*, est sphérique.

Cette sphère a pour centre le centre de l'excitateur : dans l'excitateur de Hertz, le point O où éclate l'étincelle.

Pour définir les coordonnées des points de la sphère, supposons-la divisée par un système de méridiens et de parallèles, en prenant comme axe polaire le diamètre qui coïncide avec l'axe de l'excitateur.

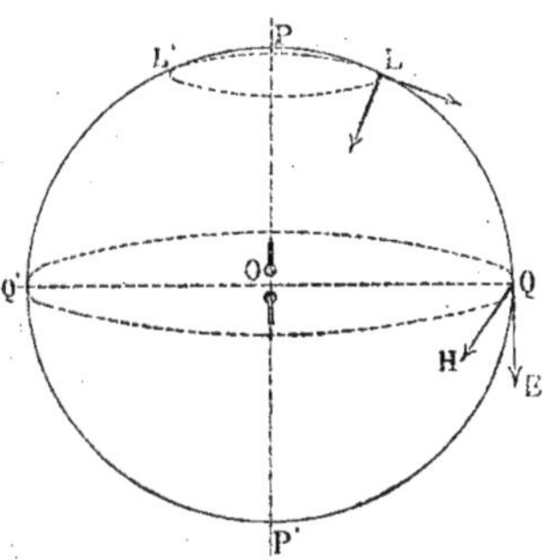

En tout point du milieu, la force électrique et la force magnétique varient périodiquement de grandeur et de sens en conservant chacune la même direction. D'ailleurs la force magnétique est nulle quand la force électrique est maximum et *vice versa*.

Sur l'équateur QQ′ la force électrique est constamment parallèle à l'axe de l'excitateur. Au point Q, en particulier la force magnétique QH perpendiculaire à la fois à la force électrique et à la direction de propagation est perpendiculaire au plan de la figure.

En un point quelconque, la force électrique est tangente au méridien, et la force magnétique tangente au parallèle. *Les deux vibrations sont donc transversales.*

Rayonnement de l'énergie. — Lors du fonctionnement de l'excitateur, il y a mise en jeu d'une certaine quantité d'énergie. Cette énergie se présente successivement sous la forme *électrique* et sous la forme *magnétique*.

Au moment où l'excitateur est chargé, et juste avant que la décharge se produise, l'énergie est tout entière électrostatique.

Si V_0 est la valeur maximum (amplitude) du potentiel, C la capacité de l'excitateur

$$W = \frac{1}{2} C V_0^2.$$

Pendant la décharge, il se produit dans l'excitateur un courant variable. Au moment où ce courant atteint sa valeur maximum, il n'y a plus de différence de potentiel entre les deux moitiés de l'excitateur : l'énergie est toute entière électromagnétique et a pour valeur :

$$W = \frac{1}{2} L I_0^2,$$

si l'on désigne par L la self-induction de l'excitateur et par I_0 l'amplitude du courant. Le jeu de l'excitateur fait naître, en chaque point du milieu une force électrique et une force magnétique dont les variations sont périodiques.

En un point, au moment où la force magnétique est nulle, la force électrique est maximum, l'énergie est tout entière sous forme électrique et a pour expression : énergie lectrique par unité de volume $W_e = \frac{K}{8\pi} E^2$ en désignant par E la force électrique et par K la constante diélectrique.

Au moment où la force électrique est nulle, la force magnétique est maximum, l'énergie est tout entière sous forme magnétique et a une expression analogue.

Énergie magnétique par unité de volume $W_m = \dfrac{\mu}{8\pi} H^2$ en désignant par H la force magnétique et par μ la perméabilité.

A la propagation des flux correspond donc une propagation d'énergie de proche en proche dans le milieu.

A un instant quelconque, l'énergie par unité de volume en un point du milieu est égale à la *somme de l'énergie électrique et de l'énergie magnétique*.

L'énergie totale contenue dans un volume donné est la somme des énergies contenues dans chacun des éléments du volume.

Cette quantité d'énergie varie avec le temps.

Poynting a établi une relation importante qui donne, sous une forme simple, *le taux de la variation* de l'énergie et permet d'en faire le calcul.

Le taux de la variation de l'énergie avec le temps dans un volume donné du diélectrique est égal (à un facteur constant près) à la somme des produits que l'on obtient en multipliant, pour chaque élément de surface qui limite le volume, la force magnétique par la force électrique et par le sinus de l'angle de ces deux vecteurs

Sous forme analytique, le théorème de Poynting s'exprime (dans le vide $K = 1 \, \mu = 1$) par l'égalité :

$$\frac{d}{dt}\int_v \left[\frac{E^2}{8\pi} + \frac{H^2}{8\pi}\right] dv = \frac{1}{4\pi\Omega}\int_\Sigma (EH \sin \alpha)\, d\Sigma.$$

La somme qui figure dans le premier membre est une intégrale *de volume*. La somme qui figure dans le deuxième membre est une intégrale *de surface* et représente le flux d'un certain vecteur dont la composante normale $P = EH \sin \alpha$. On peut donc dire que tout se passe comme si, pendant le temps dt, une quantité d'énergie

$$\frac{1}{4\pi\Omega}\int_\Sigma P\, d\Sigma$$

passait de l'intérieur à l'extérieur de la surface enveloppante, c'est-à-dire *rayonnait* de cette surface.

Cette énergie est empruntée à l'excitateur.

Ainsi, l'excitateur peut être assimilé à un corps chaud doué d'un certain pouvoir émissif qui se refroidit à mesure qu'il rayonne.

Amortissement. — La dissipation progressive de l'énergie mise en jeu dans l'oscillateur fait que l'amplitude des oscillations diminue progressivement, ou en d'autres termes qu'elles *s'amortissent*.

D'ailleurs, l'amortissement n'est pas dû au rayonnement seul.

Du fait même du fonctionnement de l'excitateur, il y a production de phénomènes calorifiques, soit dans l'étincelle, soit dans les conducteurs métalliques qui sont le siège de courants de haute fréquence.

Ces effets calorifiques entraînent une nouvelle dissipation d'énergie qui vient s'ajouter à la première.

L'excitateur est donc le siège d'oscillations électriques amorties.

La résonance. — Nous avons dit que Hertz se servait pour explorer le champ de l'excitateur d'un cercle de cuivre présentant une coupure étroite et observait les étincelles qui se produisent à la coupure.

Pour déceler les nœuds et les ventres on peut donner au cercle des dimensions quelconques. Toutefois, pour que les phénomènes prennent de la netteté, il convient de donner au cercle des dimensions convenables et de l'accorder avec l'excitateur.

Cet accord montre que le phénomène présente les caractères d'un phénomène de *résonance*.

A la vérité, les conditions de la résonance électrique sont assez différentes de celles de la résonance acoustique.

Tandis qu'un résonateur acoustique, une sphère de Helmholtz par exemple, répond uniquement aux vibrations pour lesquelles il est accordé , un *résonateur* répond seulement un peu mieux à celles qui correspondant aux siennes propres.

En d'autres termes, la résonance électrique présente en général beaucoup de flou.

Ce flou est dû à l'amortissement.

Nous avons vu que les ondes émises par l'excitateur sont nécessairement amorties. Il en est de même aussi des oscillations qui prennent naissance dans le résonateur.

Quand l'excitateur est fortement amorti et que le résonateur l'est faiblement, l'effet produit sur le résonateur est comparable à celui d'un choc. Il vibre alors avec sa période propre quelle que soit celle des ondes émises.

Ainsi peut-on interpréter les expériences de Sarrazin et de La Rive qui, étudiant la propagation des ondes hertziennes le long d'un fil, ont trouvé que la longueur d'onde mesurée dépend uniquement du résonateur employé.

C'est le phénomène de la *résonance multiple*.

THÉORIE DE LA RÉSONANCE ÉLECTRIQUE.

Au point de vue pratique, dans l'emploi des ondes hertziennes, on a une source d'émission d'ondes et un collecteur qui les recueille. Indépendamment de toute question de propagation progressive dans le milieu, ce qui importe avant tout, c'est que le collecteur recueille, toutes choses égales, la plus grande quantité d'énergie possible.

Il importe donc de mettre en jeu les phénomènes de résonance, c'est-à-dire de faire en sorte que le collecteur constitue un *résonateur accordé*.

Nous avons dit que les conditions de cet accord sont complexes et dépendent des valeurs des amortissements des systèmes en présence.

Essayons de préciser cette idée.

Considérons un excitateur hertzien, c'est-à-dire un excitateur qui est le siège de vibrations électriques amorties.

Un résonateur placé dans le champ devient aussi le siège d'oscillations périodiques amorties.

On sait que l'équation différentielle d'un mouvement périodique amorti est, en général :

$$(1) \qquad \frac{d^2\varphi}{dt^2} + 2\beta\frac{d\varphi}{dt} + (b^2 + \beta^2)\,\varphi = 0.$$

Ici $V = \varphi(t)$ représente le potentiel variable dans le résonateur.

Si l'on suppose que le résonateur est ébranlé par une cause excitatrice extérieure on doit, pour en tenir compte, compléter l'équation différentielle par l'adjonction d'un second membre $F(t)$ et écrire :

$$(2) \qquad \frac{d^2\varphi}{dt^2} = 2\beta\frac{d\varphi}{dt} + (b^2 + \beta^2)\,\varphi = F(t).$$

La cause excitatrice représentée par $F(t)$ est une fonction périodique amortie puisqu'elle est due à l'excitateur.

On peut poser :

$$F(t) = Ae^{-\alpha t}\cos\alpha t + Be^{-\alpha t}\sin\alpha t.$$

D'ailleurs le système (résonateur) part du repos.

On a donc pour $t = 0$, $\varphi(t) = 0$ et $\dfrac{d\varphi}{dt} = 0$.

Si φ_b est une solution particulière de l'équation (1) sans second membre, on obtiendra l'intégrale générale de l'équation (2) qui est une équation différentielle linéaire du deuxième ordre à coefficients constants en ajoutant à cette solution particulière une solution quelconque φ_a de l'équation avec second membre.

L'intégrale générale de l'équation (2) aura donc la forme

$$\varphi = \varphi_a + \varphi_b.$$

On trouve que φ_a et φ_b ont pour expressions :

$$\varphi_a = e^{-\alpha t}\,(A \sin at + A_2 \cos at);$$
$$\varphi_b = e^{-\beta t}\,(B \sin bt + B_2 \cos bt).$$

Résultat analytique qui peut être interprété *physiquement* en disant que le mouvement électrique dans le résonateur peut être considéré comme la superposition de deux mouvements :

1° Une vibration *forcée* dont la période et l'amortissement ont pour valeurs la période et l'amortissement de l'excitateur;

2° Une vibration libre dont la période et l'amortissement ont pour valeurs la période propre et l'amortissement du résonateur.

En substituant à φ_a et φ_b leurs valeurs, on peut mettre l'expression de φ sous la forme

$$\varphi = M \sin (mt + m')$$

ou

$$m = \frac{a + b}{2},$$

c'est-à-dire considérer le mouvement électrique dans le résonateur comme représenté par une vibration dont la période a pour valeur la moyenne arithmétique des périodes de l'excitateur et du résonateur.

Supposons que l'on se propose d'étudier l'intensité du courant dans le résonateur. On introduira par exemple dans le résonateur un appareil thermique.

Les indications seront proportionnelles à l'intégrale

$$I = \int_0^\infty i^2 dt$$

en désignant par i la valeur du courant au temps t.

On a d'ailleurs

$$i = C \frac{d\varphi}{dt},$$

c'est-à-dire que l'on a en première approximation

$$i = CmM \cos [mt + m'].$$

En substituant à i^2 sa valeur dans l'expression de I, on obtient simplement

$$I = \frac{1}{2} C^2 m^2 \int_0^\infty M^2 dt,$$

car l'intégration par parties donne une seconde intégration qui est nulle.

La valeur de l'intégrale $\int_0^\infty M^2 dt$ s'obtient sans difficultés, car elle ne contient que des exponentielles ou des exponentielles multipliées par des cosinus.

En faisant certaines hypothèses sur l'ordre de grandeur relatif des différents facteurs, on met I sous la forme :

$$I = \frac{A^2}{n^2} \frac{\alpha + \beta}{\alpha\beta\left[(\alpha + \beta)^2 + (m - n)^2\right]},$$

m et n désignent les *pulsations* de l'excitateur et du résonateur et sont liées aux périodes par les relations

$$m = \frac{2\pi}{T}, \qquad n = \frac{2\pi}{\theta},$$

α et β désignent les *amortissements* et sont liés aux décréments γ et δ par les relations

$$\alpha = \frac{\gamma}{T}, \qquad \beta = \frac{\delta}{\theta}.$$

On voit que l'effet observé au résonateur va en croissant à mesure que les périodes propres des deux circuits s'approchent davantage l'une de l'autre, et prend une valeur maximum quand elles deviennent égales.

La relation $m = n$ détermine les conditions de résonance. On a alors :

$$I_0 = \frac{A^2}{n^2} \cdot \frac{1}{\alpha\beta(\alpha + \beta)}.$$

Pour une petite différence de fréquence $(m - n) = x$ entre l'excitateur et le résonateur, on a un certain effet I :

$$I = \frac{A^2}{n^2} \cdot \frac{\alpha + \beta}{\alpha\beta\left[(\alpha + \beta)^2 + x^2\right]};$$

$$\frac{I_0}{I} = 1 + \frac{x^2}{(\alpha + \beta)^2}.$$

Le rapport $\frac{I_0}{I}$ de l'effet obtenu à la résonance à l'effet obtenu quand on s'en écarte d'une même valeur x est d'autant plus grand que $\alpha + \beta$ est plus petit.

La résonance est donc d'autant plus *marquée* que les amortissements de l'excitateur et du résonateur ont des valeurs plus faibles.

Vérification expérimentale. — On peut montrer l'existence de la *résonance* et mettre en lumière l'influence de l'amortissement par l'expérience suivante dont le principe a été indiqué dès l'année 1892 par M. Janet.

Comme excitateur on prend par exemple un cadre carré de 70 centimètres de côté sur lequel est enroulé 1 tour de conducteur.

Le côté AB est coupé en *ab* et le côté CD en *cd* : on intercale dans la coupure *ab* un éclateur dont les boules sont reliées aux pôles d'une bobine d'induction et en *cd* un condensateur K. On constitue ainsi un excitateur analogue à celui dont M. Blondlot a fait usage dans ses expériences classiques sur l'étude de la propagation le long des fils.

Un cadre identique MNPQ (portant 2 tours de fil dans la présente expérience) est disposé à distance parallèlement au premier. Dans une coupure *pq* du côté PQ on intercale en série un condensateur *c*, de capacité variable et un appareil thermique, par exemple un ampèremètre à fil chaud T.

Le condensateur K ayant reçu une valeur déterminée, on constate que les indications du thermique passent par un maximum pour une certaine valeur *c*, de la capacité du condensateur *c*.

Pour faire varier dans un rapport donné la capacité du condensateur K qui est constitué par des bouteilles de Leÿde, on peut associer les bouteilles en cascade après les avoir associées en parallèle. On voit alors que le maximum de l'indication du thermique se produit quand on fait varier dans le même rapport la valeur de la capacité c.

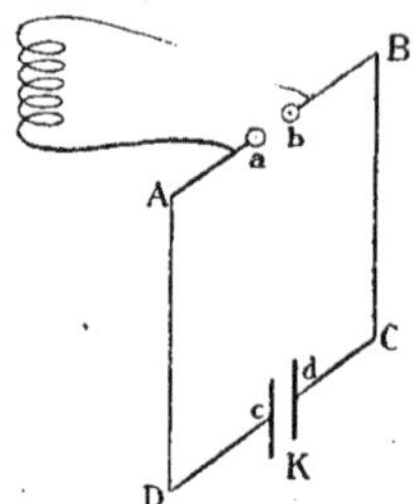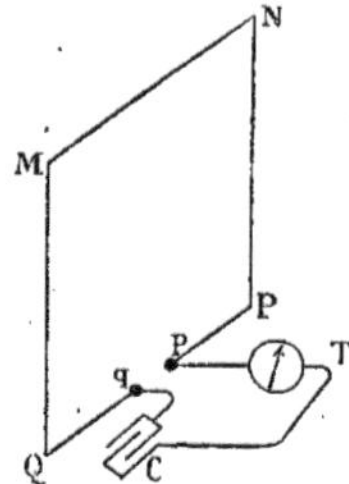

Pour modifier les amortissements des circuits ABCD ou MNPQ, il suffit d'intercaler dans les cadres des résistances non inductives convenables.

On introduit ainsi dans les oscillations le terme exponentiel

$$e^{-\frac{R}{2L}T}.$$

Or, soit que l'on agisse sur l'excitateur, c'est-à-dire que l'on augmente α; soit que l'on agisse sur le résonateur, c'est-à-dire que l'on augmente β, on constate que la résonance est d'autant moins nette que α ou β sont plus grands.

La courbe de résonance. — En substituant dans la relation

$$I = \frac{A^2}{n^2} \frac{(\alpha + \beta)}{\alpha\beta[(\alpha + \beta)^2 + (m - n)^2]}$$

à m et n leurs valeurs en fonctions de T et de θ, à α et β leurs valeurs en fonction de γ et δ, on met I sous la forme suivante :

$$I = I_0 \frac{\omega^2 T^2 + \pi^2 S (\theta - T)}{\omega^2 T^2 + \pi^2 (\theta - T)^2},$$

T est la période du système fixe, θ la période du système variable, $\omega = \dfrac{\gamma + \delta}{2}$ est la moyenne arithmétique des décréments, I_0 représente le maximum de la valeur de I, c'est-à-dire la valeur qui correspond à la résonance, S est une constante.

Si l'on observe les effets dans le résonateur à l'aide d'un instrument thermique, c'est-à-dire à l'aide d'un instrument dont les déviations y sont proportionnelles à I, on a :

$$y = Y \frac{\omega^2 T^2 + \pi^2 S (\theta - T)}{\omega^2 T^2 + \pi^2 (\theta - T)^2},$$

en désignant par Y la valeur de y qui correspond à I_0.

En portant en abscisses les périodes θ du système variable (le résonateur par exemple) et en ordonnées les déviations y, on obtient une courbe remarquable que Bjerknes a nommée *courbe de résonance* : c'est une cubique unicursale qui admet l'axe des X pour asymptote.

Le diamètre des cordes horizontales est une hyperbole équilatère qui a pour asymptotes l'axe des X et une droite parallèle à l'axe des y qui diffère très peu de la droite $\theta = T$.

Le maximum de la courbe ne correspond pas exactement à la coïncidence des périodes propres de l'excitateur et du résonateur, mais peut servir à déterminer leur différence par le tracé de l'asymptote verticale.

Le rapport dans lequel l'asymptote coupe les cordes parallèles aux X fournit la moyenne ω des décréments.

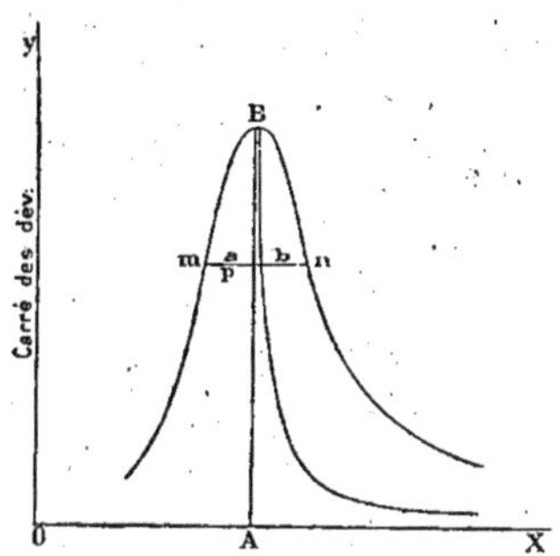

Une corde quelconque mn rencontre l'asymptote parallèle aux Y en un point p qui divise la corde en deux segments :

$$\begin{cases} mp = a = (\theta_1 - T) \\ pn = b = (\theta_2 - T) \end{cases}$$

et l'ordonnée de l'asymptote en deux autres segments :

$$\begin{cases} pq = c = y \\ pr = d = (Y - y). \end{cases}$$

La relation

$$y = Y \frac{\omega^2 T^2 + \pi^2 S (\theta - T)}{\omega^2 T^2 + \pi^2 (\theta - T^2)}$$

peut s'écrire

$$\pi^2 y (\theta - T)^2 - \pi^2 SY (\theta - T) + \omega^2 T^2 (y - Y) = 0.$$

Et sous cette forme on voit que $(\theta_1 - T)$ et $(\theta_2 - T)$ sont racines de l'équation du second degré en $(\theta - T)$.

[θ_1 et θ_2 étant les abscisses des points m et n.]

Par suite

$$(\theta_1 - T)(\theta_2 - T) = \frac{\omega^2 T^2 (y - Y)}{\pi^2 y}$$

ou

$$\omega^2 = \frac{abc}{d} \cdot \frac{\pi^2}{T^2},$$

c'est-à-dire

$$\omega = \frac{\gamma + \delta}{2} = \frac{\pi}{T} \sqrt{\frac{abc}{d}}.$$

Remarque. — Dans l'établissement des relations de Bjerknes on a fait certaines hypothèses sur l'ordre de grandeur relatif des différents facteurs. Ces hypothèses peuvent se traduire de la manière suivante :

$1°$ On suppose qu'il n'y a pas de *réaction* du résonateur sur la source. Cela revient à supposer le coefficient d'induction mutuelle entre le circuit excitateur et le circuit résonateur négligeable :

Ces conditions seront d'autant mieux réalisées que le résonateur sera plus loin de la source;

2.° On suppose que les périodes diffèrent peu et que les amortissements sont relativement faibles (γ et δ inférieurs à 1).

Si ces conditions se trouvent approximativement réalisées, le tracé de la courbe de résonance pourra servir à déterminer la période de la source ainsi que les amortissements.

Il résulte d'ailleurs de ce que nous avons dit que *l'aspect plus ou moins aplati* de la courbe donne des renseignements très nets sur le degré de résonance obtenu, c'est-à-dire sur *l'étroitesse de l'accord* sur lequel on peut compter.

RÉSONANCE DES ANTENNES.

Nature du phénomène. — Dès le début de la télégraphie sans fil, on a songé à interpréter les phénomènes par la propagation d'ondes hertziennes dans le milieu.

La démonstration n'en a été donnée cependant que beaucoup plus tard : elle résulte des différents résultats expérimentaux que nous allons exposer maintenant et ne doit pas être considérée comme évidente *a priori*.

A l'appui de cette assertion, on peut noter que la télégraphie sans fil a longtemps reçu en Allemagne le nom de *Funken-Telegraphie* qui ne laissait rien préjuger de la nature du phénomène mis en œuvre.

Tout d'abord, quel est le caractère de l'étincelle de transmission ? On a supposé — et cette supposition était très vraisemblable — qu'elle est oscillante. C'est ce qu'il importe d'établir.

En photographiant l'étincelle dissociée par un miroir tournant animé d'un mouvement de rotation rapide (selon la méthode classique de Feddersen, mais dans des conditions notablement plus délicates), on constate que la décharge est bien *oscillante*.

Chacune des étincelles fixées sur l'épreuve apparaît sous la forme d'une traînée estompée plus ou moins longue, qui va en diminuant de largeur en même temps que d'intensité. Cette bande est coupée transversalement de traits ou franges parallèles qui constituent les images successives de la décharge et en indiquent le caractère *oscillatoire*.

La distance de deux franges voisines permet d'obtenir une évaluation de l'ordre de grandeur de la période, quant à la décroissance plus ou moins rapide de l'intensité des franges, il traduit *l'amortissement* de la décharge.

Ce caractère oscillatoire admis, deux explications peuvent être proposées pour rendre compte du mécanisme de la transmission;

Selon l'une d'elles, l'excitateur vibrerait comme s'il était indépendant et l'antenne aurait simplement pour rôle de propager les ondes de période très courte qui ont pris naissance dans l'excitateur.

Selon l'autre, on devrait considérer comme faisant partie de l'excitateur le système complexe constitué par l'éclateur, l'antenne et la terre (c'est du système *direct* dont nous parlons), de sorte que les oscillations seraient beaucoup plus longues.

L'expérience montre que c'est la seconde interprétation qui est la vraie.

Le système antenne-terre constitue donc un *oscillateur*.

Les expériences indiquent d'autre part, d'une manière générale, que, pour une émission donnée et une configuration donnée de l'antenne de réception, *l'échange d'énergie entre les systèmes passe par un maximum pour une certaine dimension de l'antenne réceptrice*.

Dans l'hypothèse d'émissions d'ondes hertziennes, l'antenne réceptrice joue donc le rôle de *résonateur*.

Mise en résonance des antennes. — Indépendamment de toute hypothèse, on peut dire qu'il y a « accord » entre les systèmes d'antennes quand l'échange d'énergie passe par un maximum et définir la *résonance* par cette condition.

Pour déterminer les conditions de résonance des antennes, l'usage du micromètre à étincelles du résonateur de Hertz serait trop peu sensible.

Le cohéreur ne saurait non plus être employé avec fruit.

D'abord parce que, si c'est un appareil très sensible, c'est un instrument fort capricieux.

Ensuite parce que les phénomènes qui s'y passent sont complexes et exigent une nouvelle interprétation. Aussi convient-il d'employer comme *détecteur* un appareil *thermique* dont les indications soient susceptibles d'une interprétation précise.

On peut par exemple se servir du *bolomètre*.

Le principe de l'appareil est connu. Deux fils métalliques fins sont intercalés respectivement dans les branches d'un pont de Wheatstone : les variations de température de l'un des fils entraînent des variations de résistance qui se trouvent enregistrées par le galvanomètre du pont, préalablement équilibré. Dans les conditions d'emploi du bolomètre comme détecteur d'oscillations électriques l'effet thermique enregistré est dû au courant induit dans une antenne réceptrice à distance : il est donc en principe très faible. En constituant les branches bolométriques par des fils à la Wollaston (de 10", et moins, de diamètre) on obtient un dispositif assez sensible pour enregistrer des effets à une cinquantaine de kilomètres du poste d'émission [1].

Les seuls points délicats dans l'établissement de l'appareil sont d'assurer, d'une part, le parfait isolement thermique des branches bolométriques et, d'autre part, de localiser l'action des oscillations dans l'une seule des branches.

Pour réaliser expérimentalement les conditions de résonance, il suffit d'intercaler le bolomètre dans l'antenne réceptrice et de modifier progressivement la longueur de cette antenne jusqu'à ce que les indications de l'instrument passent par un maximum.

Forme des antennes. — Aux débuts de la télégraphie sans fil, on se servait comme antennes de conducteurs filiformes isolés à leur partie supérieure et suspendus verticalement, ou à peu près.

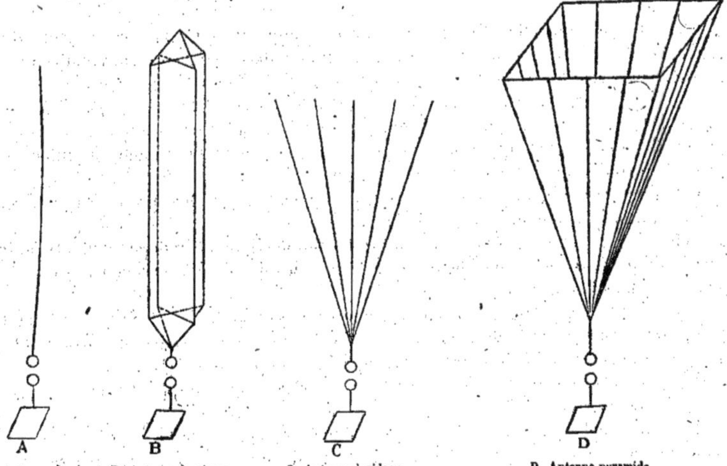

A. Antenne simple.   B. Antenne à prisme.   C. Antenne à rideau.   D. Antenne pyramide.

A ces *antennes simples,* on a été conduit pour différentes raisons (accroissement des

[1] Nous avons pu réaliser des appareils qui donnent une déviation mesurable pour un courant de 10 microampères efficaces.

longueurs d'onde, augmentation de rendement, nécessités diverses d'installations) à substituer des antennes à plusieurs branches, ou *antennes multiples.*

La pratique a conduit à adopter certaines formes qui peuvent être rapportées à l'un des types précédents.

Sur les bâtiments, où la hauteur dont on dispose est nécessairement limitée, on se sert d'antennes fortement inclinées ou même d'antennes comprenant une portion horizontale.

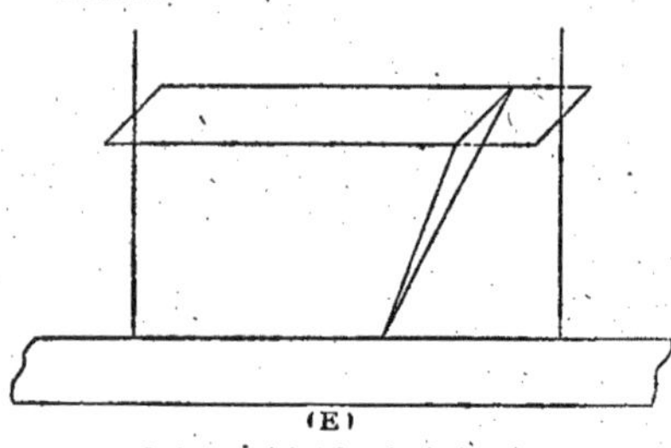

E. Antennes à deux branches horizontales,
partie descendante à l'extrémité.

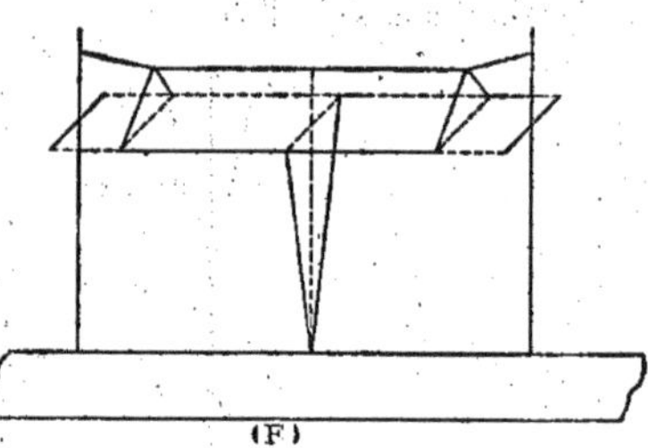

F. Antenne à prisme triangulaire horizontal,
partie descendante au milieu.

Résultats expérimentaux généraux. — L'expérience montre que : *quand les antennes ont la même forme, la résonance a toujours lieu pour l'égalité des longueurs, quelles que soient les courbures générales ou les inclinaisons des antennes.*

Quand les antennes n'ont pas la même forme, la résonance a lieu en général pour des valeurs inégales des longueurs.

On trouve, par exemple, qu'il faut attribuer une longueur de 71 mètres à une antenne filiforme simple de 3 millimètres de diamètre pour la mettre en résonance avec une antenne prismatique à quatre branches de 60 mètres de longueur (comptée selon l'axe).

Mais, pour un système de configuration donnée, la résonance est toujours indépendante de la courbure et de l'inclinaison générales.

Détermination des périodes. — L'antenne d'émission étant un *excitateur* et l'antenne de réception un *résonateur* constituent des systèmes qui possèdent chacun une période propre.

La photographie de l'étincelle de décharge permet à la vérité *d'évaluer* la période de l'oscillation dans l'antenne d'émission. Mais la valeur élevée de l'amortissement rend les observations très incertaines à cause du nombre restreint des franges fixées.

D'ailleurs le procédé n'est applicable qu'à l'émission.

La meilleure méthode consiste à exciter un résonateur fermé, de *constantes connues*, par le système étudié, et à faire varier les constantes de ce résonateur de manière à le mettre en résonance avec ce système.

Le résonateur se compose par exemple d'un cadre rectangulaire de dimensions exactement connues, comprenant un seul tour de fil, et d'une capacité variable constituée, pour des expériences précises, par des condensateurs à *lames d'air.*

La self-induction du cadre s'obtient par le calcul (comme dans le procédé classique de M. Blondot); quant à la capacité, on la mesure aisément en valeur absolue, en fonction d'une résistance et d'un temps, par le dispositif du commutateur tournant.

Pour les mesures à l'émission, on excite le résonateur par l'antenne d'émission, et l'on intercale dans le résonateur un ampèremètre thermique convenable.

Pour les mesures à la réception, on excite le résonateur par l'antenne réceptrice et l'on remplace le thermique par un *bolomètre.* Comme le bolomètre a généralement une résistance notable, il convient en pareil cas de ne pas l'intercaler directement dans le circuit de résonance, mais de l'exciter à distance par le résonateur qui agit sur lui par induction.

La détermination s'opère dans tous les cas en faisant varier la valeur de la capacité intercalée dans le résonateur et en faisant le tracé graphique de la courbe de résonance. Ici l'on obtient la courbe en portant en abscisses les racines carrées des capacités, et en ordonnées, les indications mêmes du bolomètre ou les carrés des indications de l'ampère-mètre thermique.

Il y a lieu de noter que l'emploi du bolomètre qui permet d'opérer loin du circuit excitateur donne le moyen de satisfaire rigoureusement aux conditions que la théorie de Bjerknes suppose réalisées.

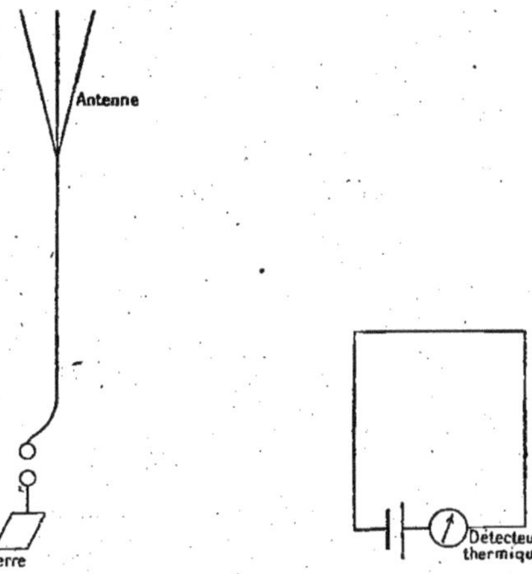

La self-induction L du résonateur étant connue, la détermination de la valeur C de la capacité correspondante à la résonance permet de calculer la période par le relation de Thomson $T = 2\pi\sqrt{LC}$ applicable au système constitué par le résonateur fermé dont la résistance est faible et l'amortissement négligeable.

Il importe d'observer que les mesures exécutées à l'émission fournissent la période des ondes émises, égale en système direct à la période propre de l'excitateur ou antenne d'émission.

Les mesures à la réception donnent la période des oscillations qui prennent naissance dans l'antenne réceptrice sous l'action de l'antenne d'émission : cette période ne coïncide *en général* ni avec celle des ondes reçues, ni avec la période *propre* de l'antenne réceptrice.

D'ailleurs, en prenant l'antenne réceptrice comme antenne d'émission, on peut obtenir aussi la période propre de cette antenne.

Le procédé est donc tout à fait général.

Condition de la résonance. — L'expérience montre alors que lorsque deux antennes ont été mises en résonance, on trouve la même valeur pour la période propre des antennes d'émission et de réception ainsi que pour la période des oscillations induites dans l'antenne réceptrice.

Il suit de là que pour mettre *pratiquement* deux systèmes d'antennes en résonance, c'est-à-dire pour que l'échange d'énergie passe par un maximum, il suffit de les amener indépendamment l'un de l'autre à la même période fondamentale.

D'où l'importance capitale de la mesure des périodes.

Mesure des périodes, ondemètres. — Le principe général sur lequel reposent les *ondemètres* consiste à mettre en résonance avec le système étudié un système auxiliaire ou résonateur dont on peut faire varier les constantes de quantités connues.

Quand la résonance est établie — ce que l'on constate à l'aide d'un appareil *détecteur* approprié — la période cherchée est fournie par celle du résonateur accordé. On l'obtient, soit par le calcul, en fonction des dimensions électriques du résonateur, soit par étalonnage préalable.

Les *ondemètres* servent à résoudre rapidement les deux questions suivantes :

1° Un système étant donné, trouver sa période;

2° Donner à un système une période déterminée.

Les dispositifs employés pratiquement se rapportent au type *résonateur ouvert* ou au type *résonateur fermé*.

A. **Résonateurs ouverts.** — Nous avons vu que l'on fait apparaître aisément des ondes stationnaires dans les longs solénoïdes.

Les procédés employés par Seibt, Slaby, Fleming, mettent à profit les propriétés de ces ondes stationnaires.

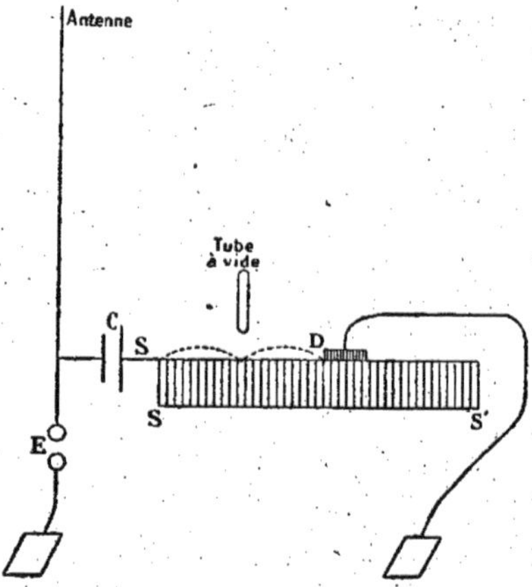

Le *cymomètre* de Fleming, par exemple, est constitué par un long solénoïde de fil de cuivre nu enroulé sur un noyau d'ébonite (environ 5,000 tours de 5 centimètres de diamètre). On l'excite à l'aide d'un condensateur C de faible capacité dont l'une des armatures est reliée à l'antenne tandis que l'autre est reliée à l'une des extrémités du solénoïde.

Nous avons vu que si l'on désigne par C_1 et L_1 la capacité et la self-induction *par unité de longueur* d'un long solénoïde, la vitesse de propagation d'un ébranlement périodique est constante et a pour valeur :

$$\frac{1}{\sqrt{L_1 C_1}}.$$

La longueur d'onde de l'oscillation fondamentale du solénoïde, à l'accord d'une oscillation excitatrice de période T, est donnée par la relation :

$$\lambda = \frac{1}{\sqrt{C_1 L_1}} T.$$

D'ailleurs, si l'on excite le solénoïde par un oscillateur voisin et que l'on en modifie progressivement la longueur, on fera apparaître successivement les concamérations qui correspondent à l'oscillation fondamentale et aux harmoniques.

En déplaçant le contact glissant D (relié à la terre) le long du solénoïde on détermine une onde stationnaire avec, par exemple, deux nœuds en S et en D, et un autre nœud au milieu de l'intervalle SD.

La détermination de la position des nœuds et ventres de tension s'opère à l'aide d'un tube à vide *t* que l'on déplace normalement le long du solénoïde.

La mesure de la distance SD fournit la valeur de la longueur d'onde λ et le nombre de concamérations l'ordre de l'harmonique. On en déduit la période excitatrice T, si l'on connaît la valeur $\dfrac{1}{\sqrt{C_1 L_1}}$ de la constante de l'appareil, ou, de préférence, à l'aide d'une graduation obtenue par un étalonnage préalable.

B. **Résonateur fermé.** — Au lieu de prendre comme circuit de résonance un conducteur le long duquel la capacité et la self-induction se trouvent uniformément distribuées et où se produisent des ondes stationnaires, on peut employer un circuit *fermé* court où la capacité est toute entière concentrée en un point, et la self-induction en une autre portion du circuit. Pour un tel résonateur, la valeur de la période est donnée très exactement par la relation de Thomson

$$T = 2\pi\sqrt{LC}.$$

En donnant au circuit une forme géométrique simple, on peut obtenir la valeur de la self-induction par le calcul.

Le dispositif qui a été décrit plus haut en vue d'obtenir des déterminations de périodes est éminemment propre à servir *d'ondemètre.*

Dans notre appareil d'usage courant, le bolomètre est remplacé par un ampèremètre thermique convenable, et le condensateur à lames d'air par un condensateur à fiches, à feuilles d'étain, et à lame de verre ou d'ébonite.

Enfin, pour la détermination des longues périodes, le cadre du résonateur comprend plusieurs tours de fil au lieu d'un seul.

On l'étalonne alors par comparaison avec l'appareil plus précis décrit ci-dessus.

La société *Telefunken* se sert de l'ondemètre Dönitz dont le principe est le même.

Le résonateur fermé se compose d'un certain nombre de spires circulaires de diamètre notable. Le détecteur thermique est un thermomètre de Riess dont le fil est intercalé dans le résonateur et le condensateur à capacité variable est constitué par un dispositif de secteurs mobiles en regard de secteurs fixes, analogue à un voltmètre statique multicellulaire.

Ces divers ondemètres à résonateur fermé sont des ondemètres à inductance fixe et capacité variable.

Le capitaine Ferrié a imaginé un ondemètre à inductance variable basé sur le principe suivant :

Supposons un résonateur constitué par une spire circulaire de fil, un condensateur C, et un thermique *t*.

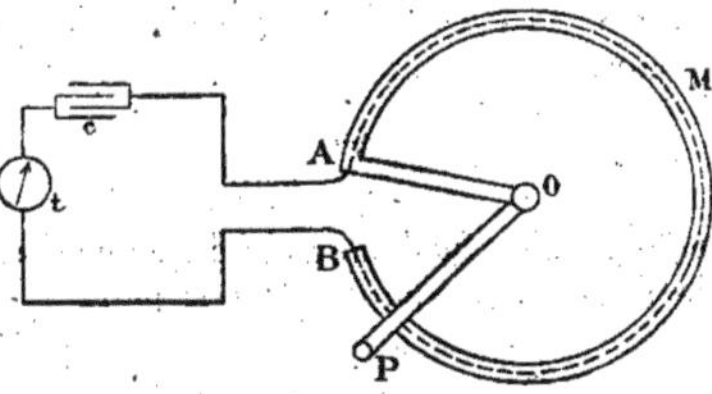

La spire circulaire, convenablement isolée, est complètement enfermée dans un tube de cuivre AMB portant une coupure en AB.

Ce tube de cuivre peut être regardé comme le secondaire d'un transformateur dont la spire intérieure est le primaire.

Un bras métallique P formant contact glissant et relié à demeure à l'extrémité A du tube permet de le fermer électriquement, c'est-à-dire de mettre le secondaire en court-circuit. Il en résulte une réaction sur le primaire, c'est-à-dire une variation apparente de self-induction de la spire intérieure.

L'induction mutuelle des deux circuits, spire et tube, est minimum lorsque le bras mobile est en A, maximum quand le bras est en B. Le déplacement du contact lui donne des valeurs intermédiaires. On conçoit que la variation de l'inductance permette d'établir l'accord entre certaines limites. L'appareil doit, bien entendu, être étalonné par comparaison.

Valeur de la période des oscillations dans les antennes. — Les procédés précédents permettent d'obtenir la période des oscillations propres d'antennes de différentes formes.

Si l'on assimile l'antenne à un excitateur hertzien, cette antenne est le siège d'émissions d'ondes dans le milieu.

La comparaison des longueurs d'antennes aux *longueurs d'ondes* émises conduit à des résultats intéressants :

1° La longueur d'onde fondamentale d'une antenne filiforme simple est sensiblement égale à 4 fois la longueur de l'antenne, et *toujours légèrement supérieure* à cette valeur ;

2° Le rapport $\frac{\lambda}{4l}$, qui est > 1, va en diminuant quand la longueur de l'antenne augmente, et tend vers 1 ;

3° Pour une antenne de longueur donnée, le rapport $\frac{\lambda}{4l}$ tend vers 1 quand le diamètre du fil diminue ;

4° Pour les antennes filiformes à branches multiples, le rapport $\frac{\lambda}{4l}$ devient notablement supérieur à 1. Il croît avec le nombre des branches et l'écartement de ces branches.

Outre l'oscillation fondamentale, les antennes présentent une série *d'oscillations supérieures* que le procédé de mesure par résonateur accordé met en évidence.

Ces oscillations *supérieures*, qui sont toutes d'ordre impair, ne sont *harmoniques* que dans les antennes filiformes simples et, en général, dans les systèmes homogènes.

Les oscillations qui prennent naissance dans une antenne réceptrice *accordée* présentent la même distribution que dans l'antenne d'émission.

L'existence des harmoniques dans l'antenne réceptrice peut être mise en évidence en déplaçant le bolomètre le long de l'antenne attaquée à distance, et relevant la valeur du courant aux différents points.

On obtient ainsi une courbe qui fait ressortir nettement l'existence d'une onde stationnaire dans l'antenne avec ventre d'intensité à la base.

La courbe a une allure harmonique et peut être représentée très exactement par une fonction de la forme

$$i = A \cos \frac{\pi x}{2l} + B \cos \frac{3\pi x}{2l}$$

où l désigne la longueur de l'antenne, et contient un terme qui correspond à la première harmonique.

Amortissement des oscillations dans les antennes. — L'observation, assez grossière, de l'étincelle dissociée indique déjà nettement que les oscillations qui prennent naissance dans l'antenne d'émission sont *amorties*.

On peut obtenir une détermination précise de l'amortissement par l'observation de la *courbe de résonance*.

Il importe d'observer que le procédé peut être appliqué, soit à la détermination de l'amortissement propre de l'antenne d'émission, par l'emploi d'un résonateur accordé de constantes connues, soit à la détermination de l'amortissement des oscillations excitées à distance dans l'antenne réceptrice en prenant l'antenne elle-même comme résonateur.

Ces déterminations fournissent les résultats généraux suivants :

1° L'amortissement est plus faible pour les antennes filiformes que pour les antennes multiples;

2° L'amortissement *croît* avec le nombre des branches et avec l'écartement de ces branches et prend une valeur particulièrement élevé dans les systèmes en *éventail;*

3° L'amortissement décroît quand le rapport de la longueur au diamètre augmente.

Si l'on rapproche ces résultats de ceux que nous avons donnés pour les valeurs des longueurs d'onde fondamentales, il ressort que :

L'amortissement varie dans le même sens que le rapport $\frac{\lambda}{4l}$.

Les expériences montrent en outre que la *prise de terre* exerce une influence considérable sur la valeur de l'amortissement.

L'amortissement *diminue* quand la *prise de terre* s'améliore, c'est-à-dire quand la surface de contact augmente, ou que le sol devient plus conducteur.

Il prend une valeur particulièrement faible sur les bâtiments, où le contact intime avec la coque paraît réaliser le cas d'une *terre parfaite.*

Rôle des antennes. Antennes d'émission. — L'assimilation supposée de l'antenne d'émission à un excitateur hertzien permet d'obtenir par le calcul (Max Abraham, Brillouin) la valeur des *périodes* et des *amortissements.*

Or les relations générales que fournit l'observation, et que nous avons résumées plus haut, *sont tout à fait conformes à celles que donne le calcul théorique.*

Les valeurs observées et calculées varient dans le même sens quand on modifie les longueurs et les diamètres des antennes.

Les valeurs numériques mêmes, fournies par le calcul, présentent, pour les amortissements, un accord remarquable avec celles que l'on obtient par l'observation à bord des bâtiments (en moyenne, $\gamma = 0,25$, pour antennes filiformes simples; $\gamma = 0,34$, pour antennes prismatiques à 4 branches, de 50 mètres de longueur).

Les déterminations expérimentales mettent donc en lumière l'existence d'un *amortissement d'émission.*

A défaut de la mesure directe de la vitesse de propagation dans le milieu, elles fournissent la justification complète de l'assimilation de l'antenne d'émission à un *excitateur* hertzien et de l'antenne de réception à un *résonateur.*

Ainsi apparaît le véritable rôle des antennes.

L'antenne d'émission constitue avec la boule d'éclateur à laquelle elle est reliée un demi-oscillateur de Hertz très *ouvert* et le rend capable de *rayonner* beaucoup en multipliant les points de contact avec le diélectrique.

Dans une antenne filiforme, reliée au sol qui vibre presque exactement en quart d'onde, il se produit une onde stationnaire avec ventre d'intensité à la base [1].

Tout se passe, par suite, comme si la mise à la terre n'existait pas et était remplacée par un système identique et symétrique du premier par rapport au sol.

En d'autres termes, le sol agit comme un miroir qui donnerait *l'image* de l'antenne.

De sorte que l'antenne *polarise* la vibration électrique dans le plan horizontal, ce qui permet aux ondes de se propager sans être absorbées par les surfaces conductrices du sol ou de la mer. Cette polarisation des ondes émises explique bien comment il se fait que les transmissions soient plus aisées sur mer, c'est-à-dire sur une étendue parfaitement horizontale que sur terre. D'ailleurs, grâce à la longueur des ondes, les phénomènes de diffraction prennent une grande importance, de sorte que ce qui, pour les ondes lumineuses, constitue l'accident, devient pour les ondes électriques le phénomène principal.

---

[1] Le fait doit être considéré comme le résultat des mesures de périodes citées plus haut. On peut en obtenir une vérification approximative ainsi que l'ont montré différents expérimentateurs (Slaby, Ferrié) en déplaçant un thermique ou un tube à vide le long de l'antenne d'émission.

Aussi les ondes électriques sont-elles susceptibles de contourner des obstacles considérables et arrive-t-on aisément à communiquer entre deux stations qui ne sont pas en vue l'une de l'autre.

Quant au mécanisme même de la propagation, il suffit pour s'en rendre compte de se reporter à ce que nous avons dit à propos de l'oscillateur de Hertz.

En coupant en deux portions symétriques les figures par un plan perpendiculaire à l'axe de l'oscillateur — axe que l'on supposera vertical — on obtient une série de demi-boucles qui s'agrandissent en se propageant.

De sorte que la surface de l'onde, ou surface des discontinuités propagées dans le milieu, devient sensiblement hémisphérique à grande distance de l'antenne d'émission.

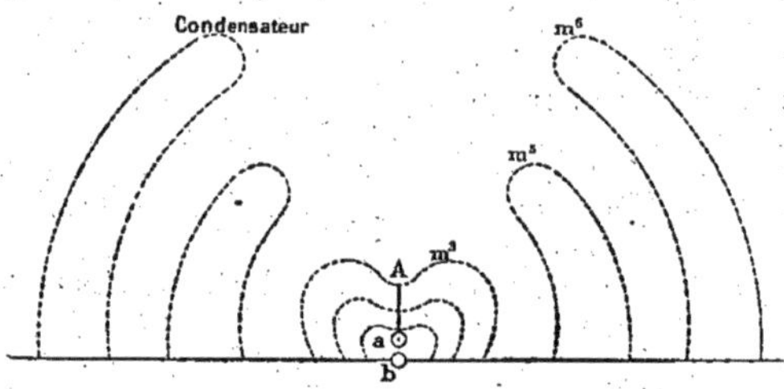

La mesure de l'énergie reçue à différentes distances par un bolomètre intercalé dans une antenne réceptrice montre qu'il en est bien ainsi.

Nous avons trouvé en effet expérimentalement que *l'intensité efficace* du courant reçu par l'antenne varie en raison inverse de la distance, c'est-à-dire que l'énergie mise en jeu, qui est proportionnelle au carré de l'amplitude, varie en raison inverse du carré des distances.

Le résultat est important : il a été depuis pleinement confirmé par les observations de Duddell (à l'aide d'un détecteur thermo-électrique très ingénieux, le thermo-galvano-mètre).

Antennes de réception. — L'onde émise qui est polarisée dans le plan horizontal se propage dans toutes les directions autour du point d'émission, les vecteurs électriques et magnétiques ayant des valeurs maxima à l'équateur, c'est-à-dire dans le plan horizontal. En rencontrant l'antenne de réception, elle fait naître, dans cette antenne qui coupe les lignes de force du champ, des oscillations dont l'amplitude est d'autant plus grande que la période propre de cette antenne se rapproche davantage de celle des ondes émises.

L'antenne réceptrice agit comme un *résonateur hertzien* : elle *draine* l'énergie du milieu et son action s'exerce dans un rayon de beaucoup supérieur à son diamètre.

On conçoit ainsi que, bien que l'énergie radiée se trouve répartie sur la surface d'une sphère de rayon très grand, l'antenne réceptrice en puisse recueillir une quantité finie.

Une conséquence du même effet, c'est que tout conducteur relié à la terre dans le voisinage de l'antenne réceptrice (surtout quasi-vertical) exerce une influence nuisible sur la réception.

Cette influence est d'autant plus marquée que les conducteurs placés à proximité de l'antenne présentent une période propre qui est plus voisine de celle de l'antenne.

La qualité de la *prise de terre* exerce la même influence sur la réception que sur l'émission.

Nous avons vu que l'amortissement diminue quand la terre s'améliore.

Cette réduction de la valeur de l'amortissement, *pour un système donné* d'antennes, doit bien correspondre, selon les relations de Bjerknes, à un accroissement d'énergie reçue lors de la résonance.

On a en effet

$$I_0 = \frac{A^2}{n^2} \cdot \frac{1}{\alpha\beta(\alpha+\beta)}.$$

Et ceci permet d'inférer que l'influence nuisible d'une prise de terre défectueuse est principalement due à un *effet Joule*, et se traduit dès lors de la même façon tant à l'émission qu'à la réception.

Pour analyser plus complètement les phénomènes qui se produisent à la réception, il est évidemment nécessaire de faire intervenir les propriétés mêmes du détecteur. Si l'effet constaté dépend de celui qui a son siège dans l'antenne, il dépend aussi, étroitement, de celui qui est décelé par le détecteur. On conçoit que la manière d'utiliser l'énergie fournie par le poste d'émission, et que la disposition des appareils de réception puissent devenir fort différentes, selon que le détecteur est sensible à l'énergie moyenne, à l'amplitude du potentiel, ou à l'amplitude du courant.

LES DÉTECTEURS D'OSCILLATIONS ÉLECTRIQUES.

Depuis la découverte du tube à limaille, un grand nombre d'autres procédés ont été employés pour déceler les oscillations électriques.

Les considérations que nous venons d'exposer conduiraient à un classement rationnel des détecteurs, basé sur *l'effet* auquel ils sont sensibles.

On serait ainsi conduit à distinguer les détecteurs sensibles :

A l'énergie moyenne;
A l'amplitude du potentiel;
A l'amplitude du courant;
A la force électromotrice efficace;
A l'intensité efficace.

Nous ne passerons en revue que les détecteurs dont la pratique a consacré l'usage. Ces détecteurs appartiennent à l'un des types suivants :

Tubes à limaille, ou cohéreurs;
Détecteurs thermiques;
Détecteurs magnétiques;
Détecteurs électrolytiques.

Cohéreurs. — Le détecteur qui paraît encore se prêter le mieux aux exigences de la pratique courante — du moins aux distances moyennes — à cause de la facilité avec laquelle il permet l'enregistrement des signaux, est le cohéreur.

Depuis les travaux de M. Branly, nombre d'expérimentateurs ont cherché à perfectionner le tube à limaille, soit pour accroître sa sensibilité, soit pour lui donner la sécurité et la stabilité requises pour le service courant.

Rien d'essentiel n'a d'ailleurs été apporté comme modification aux types primitifs de M. Branly.

Le cohéreur est constitué par un tube de verre dans lequel de la limaille métallique est intercalée entre 2 électrodes également métalliques.

On a essayé et tour à tour préconisé à peu près tous les métaux, soit, comme électrodes, soit comme limailles.

Les différents expérimentateurs s'accordent en général à reconnaître qu'il convient de faire usage d'électrodes de fer ou d'acier, et de limaille de fer ou de nickel, si l'on désire surtout de la sécurité de fonctionnement; de limaille d'or ou d'argent, si l'on veut obtenir une grande sensibilité.

On a beaucoup discuté sur les conditions que l'on doit réaliser pour obtenir de bons cohéreurs, c'est-à-dire des cohéreurs à la fois *sensibles* et *réguliers*.

Ces conditions sont assez variables car le fonctionnement du cohéreur est intimement lié à celui du relais et du frappeur automatique, et dépend du réglage des organes mécaniques du récepteur.

On y satisfait généralement le mieux par l'emploi d'électrodes inoxydées et parfaitement polies, et de limailles homogènes et inoxydées placées dans un milieu incapable de leur faire subir une altération chimique superficielle. La présence de vapeur d'eau dans le cohéreur est toujours nuisible, et la conservation des qualités du tube n'est assurée que si on le *dessèche* avec le plus grand soin. L'action du vide est utile pour assurer le dessèchement parfait, mais elle n'est nullement nécessaire.

D'ailleurs, elle n'exerce aucune action marquée sur la sensibilité.

Les cohéreurs à limailles d'or, d'argent, ou d'alliages d'or et d'argent sont plus sensibles que les autres, mais travaillent sous des voltages faibles (0^v2 à 0^v6 environ), tandis que les cohéreurs à limaille de fer travaillent sous des voltages supérieurs à 1 volt.

On accroît encore la sensibilité des cohéreurs à limailles d'or ou d'argent en argentant ou dorant (par dépôt galvanique, par exemple) l'une des électrodes.

Lodge expliquait le phénomène qui se produit dans le tube à limaille en supposant que l'action inductrice des oscillations produit entre les grains voisins des étincelles très petites qui les soudent les uns aux autres. Le système devenait ainsi « cohérent ». Mais si le nom a subsisté, l'explication paraît devoir être abandonnée, au moins sous cette forme simple.

Tout d'abord, l'expérience montre que la « cohérence » ne se produit qu'au contact. Dans un cohéreur actionné à distance notable — c'est-à-dire dans les conditions mêmes de la pratique — il ne se produit ni étincelles, ni ponts, ni traces de fusion.

Les expériences exécutées dans le vide montrent nettement que le rôle essentiel dans le phénomène n'appartient ni au diélectrique, ni aux gaz condensés.

On peut provoquer le phénomène de cohérence avec une force électromotrice continue croissante.

Or, quand on inverse le sens du courant pendant qu'il produit la cohérence, on provoque des variations de résistance qui indiquent qu'il y a *irréversibilité* dans le phénomène. Cette irréversibilité exclut l'idée d'un pur effet thermique.

M. Blanc a proposé une explication qui paraît rendre compte de tous les faits expérimentaux observés.

On sait qu'il se produit par simple pression, dans tous les contacts imparfaits, des variations de résistance. On doit admettre qu'il se produit en chaque point de contact une modification particulièrement importante quand la pression est très faible.

Cette modification, exagérée par le passage du courant (et vraisemblablement par les effets thermiques directs ou indirects qui résultent de ce passage), constitue la « cohérence ». — Elle consisterait en une pénétration mutuelle des couches de passage par *diffusion des molécules* de l'un des métaux dans l'autre, par un processus analogue à celui que W. Spring a mis en lumière dans ses expériences classiques sur la soudure des métaux par pression.

L'explication implique que la conductivité d'un métal diminue très vite quand la densité diminue, ce qui est d'accord avec les conséquences que l'on peut déduire de la *théorie cinétique* des métaux.

Un cohéreur est un contact imparfait susceptible de subir une chute *permanente* de résistance sous l'action des oscillations. Il existe des contacts imparfaits qui, dans les mêmes conditions, éprouvent seulement une variation *temporaire* de résistance.

Cette variation, qui est souvent un accroissement au lieu d'être une chute, est toujours très faible et ne saurait être enregistrée par un relais. Mais elle peut être décelée par le téléphone. Les signaux sont alors lus au son.

De simples contacts microphoniques (charbon-charbon, ou acier-charbon) peuvent jouer le rôle *d'auto-décohérents*. Le dispositif auto-décohérent le plus sensible est constitué par une goutte de mercure intercalée entre deux électrodes de fer ou de charbon.

La manière dont se comporte le cohéreur sous l'action d'une force électromotrice continue appliquée croissante permet d'inférer qu'il est sensible au *potentiel*.

L'expérience indique d'autre part que si l'on fait agir sur le cohéreur deux oscillations d'amortissements différents, avec la même énergie moyenne, c'est l'oscillation la plus amortie qui produit l'effet le plus fort.

On doit en conclure que le cohéreur est sensible à *l'amplitude du potentiel.*

Détecteurs thermiques. — Nous avons signalé l'usage du *bolomètre* pour les mesures des oscillations induites à distance dans l'antenne réceptrice.

Dans l'un des procédés utilisés pour localiser les oscillations dans la branche bolométrique, chacune des branches de fil fin est disposée en petit pont de Wheatstone. L'antenne et la terre sont respectivement reliées aux extrémités de la diagonale qui n'est pas dans le pont principal (1).

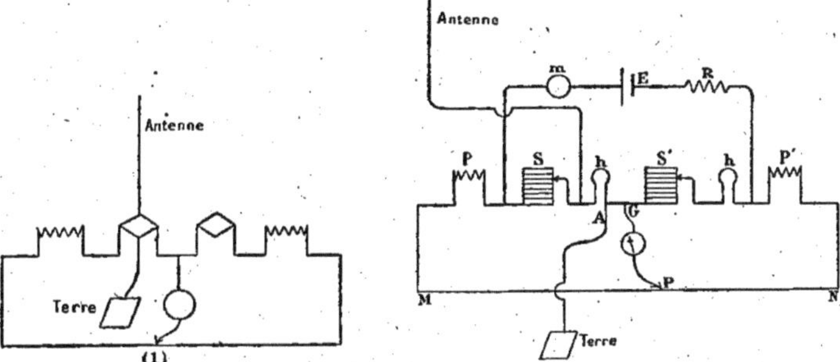

Dans l'autre procédé (2), des bobines de self-induction (sans fer) de valeur convenable sont intercalées dans le circuit du pont, de part et d'autre de la branche bolométrique qui reçoit l'action des oscillations afin de s'opposer à leur diffusion. C'est ce dernier dispositif qui permet de réaliser les appareils les plus sensibles.

En remplaçant la source à courant continu qui alimente le pont, par une source à courant alternatif ou par un courant intermittent, on peut se servir d'un téléphone pour enregistrer les variations de résistance.

Ce bolomètre peut alors être utilisé comme détecteur de signaux.

M. Duddell a imaginé un détecteur thermique d'oscillations électriques qui repose sur un principe différent.

L'appareil auquel il a donné le nom de « thermo-galvanomètre » est constitué par un élément thermo-électrique disposé sous forme de cadre galvanométrique dans le champ d'un aimant en fer à cheval. Ce cadre, très léger, est suspendu à un fil de quartz. Les variations de température des soudures donnent naissance à une force électromotrice et, par suite, à un courant qui amène la rotation du cadre. Elles sont provoquées par l'effet Joule qui prend naissance, sous l'action des oscillations, dans un fil résistant disposé tout près des soudures.

L'appareil paraît présenter une sensibilité équivalente à celle du bolomètre. Mais s'il permet, comme le bolomètre, de faire des mesures, il ne se prête pas comme lui à l'enregistrement des signaux au son.

Détecteurs magnétiques. — Lorsqu'une aiguille d'acier, aimantée à saturation, se trouve placée dans un enroulement dont le fil est le siège d'oscillations électriques, elle subit une désaimantation partielle et *permanente*. Le phénomène a été signalé tout d'abord par lord Rayleigh, puis étudié par Rutherford, qui l'avait même utilisé (1897) pour déceler l'effet d'ondes électriques à faible distance.

Le dispositif était délicat et peu sensible.

Un premier perfectionnement consiste à remplacer le *magnétomètre* dont se servait Rutherford par un *galvanomètre*, en munissant le noyau d'un enroulement secondaire. On peut ainsi enregistrer, par les élongations d'une balistique sensible, des émissions à des distances notables.

Mais le principal inconvénient que présente le dispositif c'est l'obligation qu'il impose de réaimanter à nouveau l'aiguille chaque fois qu'elle a subi l'action des oscillations. Marconi a imaginé de disposer le noyau dans un champ magnétique *variable*, que l'on peut obtenir par exemple simplement par la rotation d'un aimant.

Le noyau décrit ainsi un cycle d'aimantation.

L'expérience montre qu'il se produit une variation brusque et *temporaire* dans la valeur de l'induction magnétique du noyau au moment où l'enroulement primaire reçoit une onde électrique. Cette variation d'induction se traduit par la production d'un son dans un téléphone disposé à la place du galvanomètre, aux bornes de l'enroulement secondaire. L'effet obtenu est le plus intense quand les oscillations agissent tandis que le point représentatif de l'aimantation se trouve dans les régions de la courbe d'aimantation où l'aimantation est de sens inverse au champ.

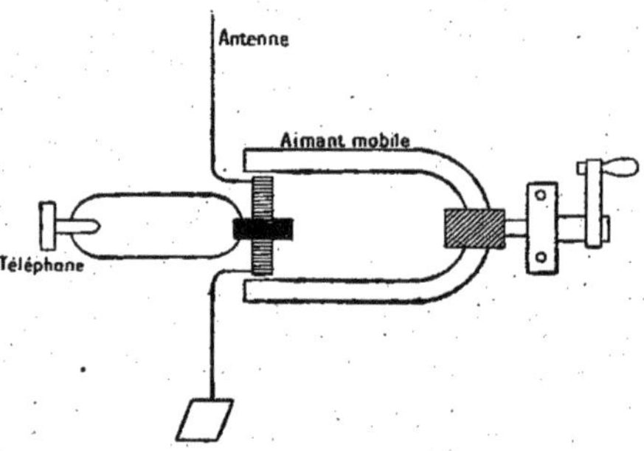

On peut donc dire qu'en général l'effet maximum se produit dans les régions de la courbe où le coefficient angulaire $\frac{dI}{dH}$ présente la plus grande valeur.

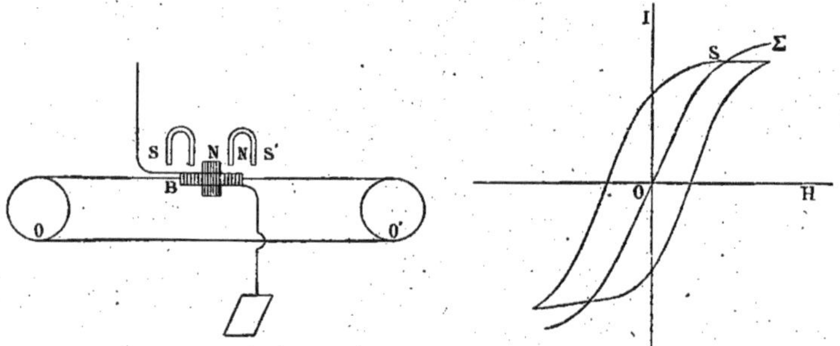

L'effet, qui est plus considérable avec l'acier qu'avec le fer doux, paraît, entre de larges limites, indépendant de la vitesse de variation du champ. Les oscillations paraissent ainsi agir sur l'hystérisis ordinaire. On reconnaît la nature de l'effet auquel le système est sensible, en faisant agir sur lui deux séries d'oscillations, de même période et mettant en jeu la même quantité d'énergie totale (ce que l'on peut vérifier à l'aide du bolomètre), mais d'amortissements différents. L'action des oscillations fortement amorties, sur le détecteur magnétique, est beaucoup plus grande que celle des oscillations peu amorties.

D'ailleurs, c'est en intercalant le détecteur magnétique au ventre d'intensité que l'action exercée est la plus forte.

On peut en inférer que le détecteur magnétique est sensible à *l'amplitude du courant*.

M. Maurain a montré qu'en effet l'action d'un champ magnétique oscillant, se superposant à celle du champ magnétisant ordinaire, réduit l'hystérisis magnétique et peut même la supprimer complètement si le champ magnétique oscillant a une amplitude suffisante. En pareil cas, on obtient, au lieu de la courbe ordinaire d'hystérisis S, une courbe d'aimantation unique Σ, la même à champ magnétisant croissant et à champ magnétisant décroissant (courbe *normale* de M. Duhem).

Parmi les formes diverses qu'a reçues le détecteur magnétique, nous signalerons celle qui a été adoptée par Marconi. La bobine B est fixe. Le noyau est constitué par un ruban d'acier ou un câble souple qui passe à l'intérieur de la bobine, et est entraîné comme une courroie sans fin par deux poulies O, O'.

Le champ est produit par deux aimants disposés symétriquement de part et d'autre de l'enroulement secondaire, les pôles de même nom étant voisins.

Quel que soit le dispositif employé, les phénomènes généraux sont les mêmes. La sensibilité du détecteur magnétique est comparable à celle du cohéreur.

Pratiquement elle est même plus grande à cause de l'emploi possible du téléphone.

Détecteur électrolytique. — Le détecteur électrolytique est constitué par deux électrodes polarisables de surfaces inégales, immergées dans un électrolyte. Toutes proportions gardées, le dispositif ressemble à un Wehnelt. Mais la cathode est constituée par un fil de platine relativement gros, N, tandis que l'anode est constituée par un fil de platine M très fin (fil à la Wollaston) scellé dans un tube de verre. Il convient même, afin de réduire encore la surface de l'anode, de faire en sorte que le fil fin sorte *à peine* du tube de verre dans lequel il est scellé, de manière à constituer une *électrode à la Wollaston.*

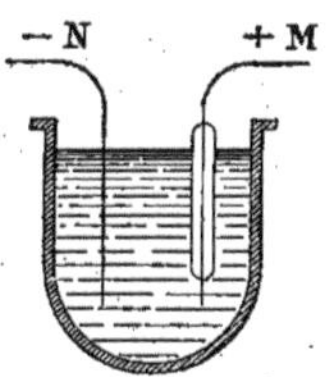

L'appareil est intercalé dans un circuit auxiliaire qui comprend une pile, c'est-à-dire est soumis à l'application d'une force électromotrice continue (1^v5 à 2^v5 selon l'électrolyte employé).

En dérivation aux bornes M et N, on dispose le circuit de réception (antenne et terre, ou circuit inductif comme nous le verrons) et un téléphone.

L'action de chaque train d'ondes se traduit par un son au téléphone.

Signalé par Ferrié dès 1900 comme contact autodécohérent, le dispositif a été employé à la réception à distance des ondes par Schlœmilch et Fessenden (1904). C'est le plus sensible des détecteurs que l'on ait utilisé jusqu'ici.

On a considéré parfois le phénomène du détecteur électrolytique, soit comme un phénomène de contact imparfait, soit comme un simple effet thermique (c'est ce qu'avait supposé Fessenden en proposant le dispositif sous le nom de « barreter »).

L'interprétation des tracés obtenus en enregistrant à l'oscillographe le courant qui passe dans le détecteur quand il est soumis à l'action des oscillations, conduit à admettre que l'effet est dû à une *dépolarisation* de l'anode.

La théorie osmotique de la polarisation rend bien compte du mécanisme du phénomène.

Un courant alternatif, en agissant sur une électrode polarisable, doit donner lieu à un

effet *dissymétrique,* capable de se traduire par un courant *continu,* et de prendre l'apparence d'un phénomène de contact imparfait, ou de « cohérence ».

La relation de Nernst :

$$E = R\theta\mathscr{L}\frac{c_0}{c},$$

(où E désigne la force électromotrice de polarisation; θ la température absolue; A une
constante; c_0 et c, les concentrations respectives des ions au voisinage des électrodes)
met cette dissymétrie en évidence.

La concentration des ions au voisinage de la grande électrode peut en effet être re-
gardée comme constante. Sous l'influence d'un courant alternatif (ou ondulé, dû par
exemple ici à la superposition d'oscillations électriques à un courant continu), la concentration des ions subit des variations périodiques au voisinage de la petite électrode seule.

La forme de la relation de Nernst, où la force électromotrice de polarisation est liée
à la concentration variable par une fonction *logarithmique,* montre comment la dissymétrie
prend naissance.

Les expériences de Gundry ainsi que nos propres mesures confirment cette manière
de voir.

Montage des détecteurs. — Les détecteurs d'intensité peuvent être directement intercalés dans l'antenne, en un point qui est un ventre d'intensité, c'est-à-dire entre l'antenne
et la terre. Telle est la place rationelle que doit occuper le *bolomètre* ou le *détecteur magnétique.* Les conditions optima de réception se trouveront réalisées si l'on peut accorder
l'une sur l'autre les antennes elles-mêmes. Mais cela n'est pas toujours possible.

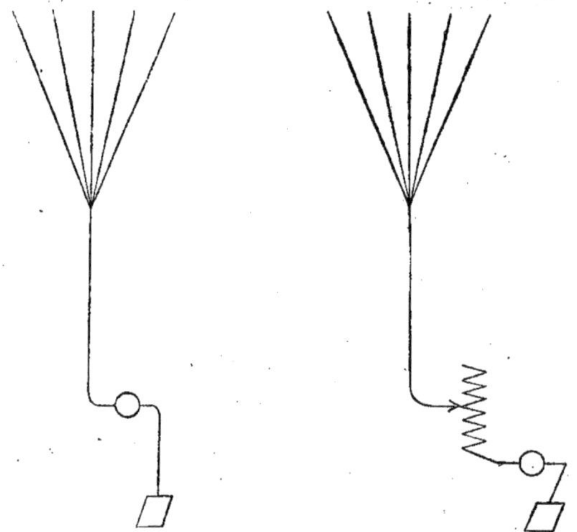

Il arrive fréquemment, par exemple, que la période des ondes à recevoir est plus
grande que la période propre de l'antenne réceptrice.

On intercale alors entre l'antenne et la terre un solénoïde dont on modifie le nombre
des spires de manière à allonger de la valeur voulue la période de l'antenne.

Les détecteurs de différence de potentiel (amplitude ou force électromotrice efficace)
devraient être disposés en un ventre de tension. Pour une antenne reliée au sol à la base,
le ventre de tension se trouve au sommet.

Mais on peut aisément obtenir un ventre de tension aux extrémités d'un solénoïde
excité par induction par l'antenne, ou, si l'on veut, modifier à l'aide d'un petit transfor-

mateur (sans fer) les facteurs de l'énergie mise en jeu à la base de l'antenne de manière à obtenir de la tension au lieu d'intensité.

Tel est le rôle des dispositifs appelés *jiggers*, ou *résonateurs* de réception.

Nous avons vu que l'on faisait naître des ondes stationnaires dans un solénoïde de *dimensions convenables* en l'attaquant par un circuit inducteur, siège d'oscillations électriques, en une région voisine d'un ventre d'intensité.

On peut prendre un solénoïde isolé à chaque extrémité et l'attaquer par le milieu, ou bien prendre un solénoïde relié en B à la terre et l'attaquer au voisinage du point B : c'est le *couplage inductif indirect* (1) et (2).

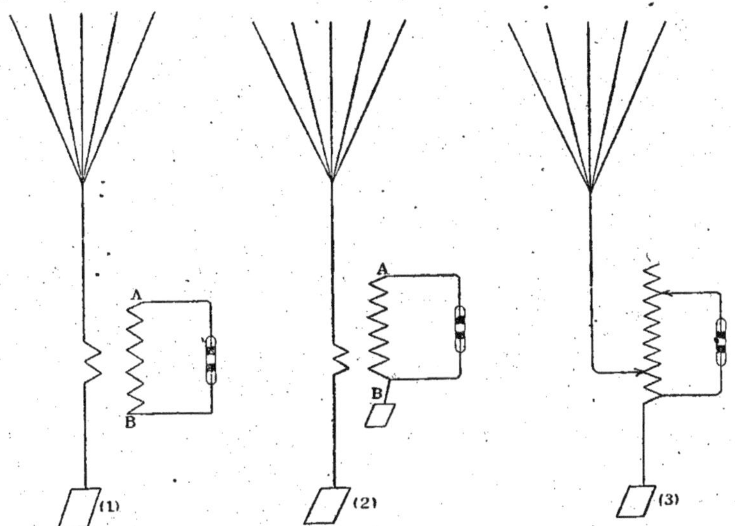

On peut aussi confondre entre eux les circuits inducteur et induit en prenant, sur le solénoïde même, quelques spires pour constituer le circuit primaire intercalé dans l'antenne. On obtient alors le *couplage inductif direct* (3).

Dans tous les cas, le détecteur de tension sera disposé en dérivation aux extrémités du solénoïde.

Jiggers. — L'un des dispositifs les plus employés comme «jigger» est constitué par une bobine de bois paraffiné ou d'ébonite sur laquelle est enroulé, en une seule couche à tours jointifs, un nombre assez grand de spires de fil fin isolé. Cet enroulement *secondaire* est recouvert au centre par quelques spires de fil plus gros que l'on intercale dans l'antenne. Le jigger est en général utilisé avec le cohéreur.

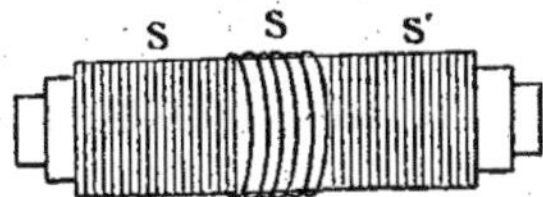

Comme le cohéreur est disposé sur le circuit de la pile et du relais, l'enroulement secondaire du jigger est coupé au milieu de manière à permettre d'intercaler la pile, et divisé en deux demi-secondaires S et S'.

Le fait de sectionner l'enroulement au ventre d'intensité et d'en réunir les deux portions par un circuit extérieur ne modifie d'ailleurs en rien le régime des oscillations dans le solénoïde.

La vitesse de propagation d'une perturbation le long du solénoïde est égale à

$$\frac{\Omega}{\sqrt{C_1 L_1}},$$

en désignant par C_1 et L_1 la capacité et la self-induction par unité de longueur. La longueur d'onde d'une oscillation de période T est, sur le solénoïde :

$$\lambda_1 = \frac{\Omega}{\sqrt{C_1 L_1}} T.$$

Antenne

S

S S'

Terre

Pile Relais

Avec le montage (1), le solénoïde isolé aux extrémités et attaqué par le milieu, l'*accord*, c'est-à-dire la production d'une onde stationnaire fondamentale, se produit quand la longueur l du solénoïde (comptée selon l'axe) est égale à $\frac{\lambda_1}{2}$.

Et cet accord correspond ainsi à une longueur l de solénoïde telle que :

$$l = \frac{\Omega}{\sqrt{C_1 L_1}} \cdot \frac{T}{2}.$$

Ou en supposant la période T de l'oscillation inductrice, c'est-à-dire la période de l'oscillation dans l'antenne réceptrice, égale à la période de l'onde incidente, dont la longueur d'onde λ dans le milieu diélectrique est égale à ΩT,

$$l = \frac{\Omega}{\sqrt{C_1 L_1}} \cdot \frac{\lambda}{2}.$$

La détermination expérimentale des constantes C_1 et L_1 de l'enroulement du jigger peut être faite aisément *dans des conditions déterminées* et permet de fixer en première approximation les dimensions de l'enroulement qui convient à l'objet que l'on a en vue. Nous verrons d'ailleurs qu'il y a lieu de tenir compte du *couplage* du primaire et du secondaire du jigger.

On peut procéder au réglage du solénoïde secondaire, c'est-à-dire accorder le jigger excité par l'antenne réceptrice en l'attaquant à distance et enregistrant à l'*électromètre* les forces électromotrices efficaces aux extrémités de l'enroulement.

Ordre de grandeur des forces électromotrices dans le système récepteur. — Ces forces électromotrices sont du *même ordre de grandeur* que celles qui se produisent au ventre de tension, c'est-à-dire au sommet de l'antenne réceptrice. (Soit 4 à 5 volts pour des antennes accordées de 55 mètres de longueur, l'attaque se faisant en direct avec étincelle de 5 centimètres, à 1 kilomètre de distance.)

La valeur de force électromotrice au sommet d'une antenne réceptrice est liée à la valeur de l'intensité efficace à la base par la relation :

$$V_{\text{eff}} \text{ en U.E.S.} = 2 \mathcal{L} \frac{2l}{r} i_{\text{eff}} \text{ en U.E.M.},$$

pour une antenne filiforme simple.

En identifiant l'expression de l'énergie *électrique* et de l'énergie *magnétique*, mise en jeu dans l'antenne, on est conduit en effet à écrire :

$$W = \tfrac{1}{4} CV_0^2 = \tfrac{1}{4} Li_0^2.$$

(V_0 et i_0 désignant les amplitudes du potentiel et du courant. L'introduction du facteur $\frac{1}{2}$ résulte de la distribution sinusoïdale le long de l'antenne.)

Ainsi :

$$V_0 = i_0 \sqrt{\frac{L}{C}}.$$

Mais pour une antenne filiforme, nous avons vu que l'on a :

$$\sqrt{\frac{L}{C}} = 2 \mathcal{L} \frac{2l}{r} \text{ (sensiblement)}.$$

D'ailleurs, la relation entre l'amplitude du potentiel et la force électromotrice efficace au ventre de tension est la même qu'entre l'amplitude du courant et l'intensité efficace au ventre d'intensité.

L'observation de l'intensité efficace au bolomètre permet donc d'obtenir l'évaluation de la tension au sommet.

Les mesures *directes* qui ont pu être effectuées dans certains cas particuliers, de la force électromotrice efficace au sommet, à l'aide de l'électromètre, s'accordent avec les valeurs fournies par l'observation au bolomètre.

Les valeurs numériques que nous avons citées montrent que les amplitudes du potentiel atteignent des valeurs notables, soit au sommet de l'antenne réceptrice, soit aux bornes des jiggers.

La relation obtenue pour la loi de variation du potentiel le long d'un conducteur siège d'oscillations périodiques amorties :

$$V = V_0 \bar{e}^{\gamma \frac{t}{T}} \sin 2\pi \frac{x}{\lambda} \cos 2\pi \frac{t}{T},$$

conduit à la valeur :

$$V^2_{\text{eff}} = n \int_0^\infty V^2 dt = \frac{V_0^2}{4\gamma} \cdot \frac{4\pi^2}{4\pi^2 + \gamma^2} nT,$$

pour la force électromotrice efficace due à n trains d'oscillations par seconde.

En partant des valeurs expérimentales obtenues pour les amortissements, on voit que les amplitudes correspondantes à des forces électromotrices efficaces de 4 à 5 volts doivent atteindre 600 à 800 volts (à 1 kilomètre de distance).

On peut, en effet, rendre lumineux un tube à vide en le disposant aux bornes d'un jigger.

Il en résulte que l'*amplitude* du potentiel, qui varie en raison inverse de la simple puissance de la distance, présente encore, à 600 kilomètres de distance, une valeur de la grandeur du volt.

La sensibilité, en apparence extrême, des détecteurs d'amplitude, demeure donc moins surprenante.

ÉMISSION INDIRECTE.

Inconvénients de l'émission directe. — Nous avons supposé jusqu'ici que l'antenne d'émission était directement reliée à l'éclateur. En fait, bien qu'un pareil dispositif d'émission ait été adopté aux débuts de la télégraphie sans fil, il a été peu à peu abandonné et universellement remplacé par un dispositif *indirect* de transmission.

Tout d'abord, le système direct d'émission ne permet de mettre en jeu qu'une quantité d'énergie limitée. Cette énergie est, en effet, l'énergie de charge du condensateur antenne-terre.

La capacité de l'antenne ne peut être accrue d'une manière considérable. Quant au potentiel explosif, on se trouve vite arrêté par la difficulté d'assurer les isolements dès que la tension dépasse une certaine valeur.

D'autre part, l'émission directe est nécessairement fortement amortie, car la valeur de son amortissement est égale à celle de l'amortissement propre de l'antenne.

Il en résulte qu'elle donne lieu à des effets de résonance relativement *peu marqués*.

Sans vouloir rechercher une *syntonie* parfaite, c'est-à-dire réaliser un dispositif de réception qui ne soit impressionné que par les seules ondes émises par certaines stations déterminées à l'exclusion des autres, il y a intérêt à se rapprocher des conditions que cette solution suppose, tant pour mettre ses propres récepteurs à l'abri des troubles provenant des émissions étrangères, que pour ne pas devenir soi-même une cause constante de perturbation pour les autres stations réceptrices.

Ce résultat ne saurait être obtenu qu'en utilisant une *résonance serrée*, c'est-à-dire par l'usage de faibles amortissements.

Excitation par induction. — Aux deux procédés susceptibles d'être utilisés pour faire naître des oscillations énergiques dans un conducteur, induction électrostatique et induction électromagnétique, correspondent deux méthodes de production des émissions.

L'émission directe doit être considérée comme un procédé électrostatique.

En transmettant les oscillations à l'antenne par induction électromagnétique, on obtient un dispositif *indirect* d'émission.

Le dispositif indirect est ainsi constitué, en principe, par un circuit de décharge comprenant un condensateur C, un éclateur E et une self-induction S qui forme le primaire d'un transformateur (sans fer) — dit *Tesla* — dont le secondaire est relié, d'une part à l'antenne, de l'autre à la terre. C'est une application directe du procédé classique employé par Blondlot pour faire l'étude de la propagation des oscillations électriques le long des fils.

Grâce à la capacité du condensateur, capacité qui peut être choisie aussi grande qu'on le désire, on conçoit qu'il devienne possible de mettre en jeu une quantité d'énergie beaucoup plus considérable qu'avec le dispositif direct d'émission, où la capacité propre de l'antenne intervient seule.

D'autre part, l'amortissement est plus *faible* ainsi que l'indiquent les photographies d'étincelles dissociées.

On conçoit aisément qu'il en soit ainsi. Dans l'oscillateur *fermé* constitué par le condensateur et la self S, l'amortissement est *extrêmement faible*, car le système ne rayonne pas, de sorte que la dissipation d'énergie est réduite à celle qui est consommée en effets calorifiques dans le circuit, et que l'on peut arriver à rendre négligeable. En associant à cet oscillateur fermé une antenne, on le rend capable de rayonner.

A la vérité, les propriétés d'un tel ensemble dépendent non seulement des systèmes — oscillateur fermé et antenne — considérés isolément, mais aussi de la manière dont ils sont associés ou, selon l'expression adoptée, dont ils sont couplés l'un à l'autre.

Quand les deux circuits en présence présentent un couplage *serré*, c'est-à-dire ont un coefficient d'induction mutuelle notable, ils exercent l'un sur l'autre des réactions énergiques.

6.

Ces réactions ont tout d'abord pour effet de modifier les périodes respectives des circuits. Si bien que, même alors qu'un oscillateur fermé et une antenne ont des périodes respectives *égales* lorsqu'ils sont séparés, l'oscillation qui prend naissance lors du couplage a une période différente de la période commune primitive.

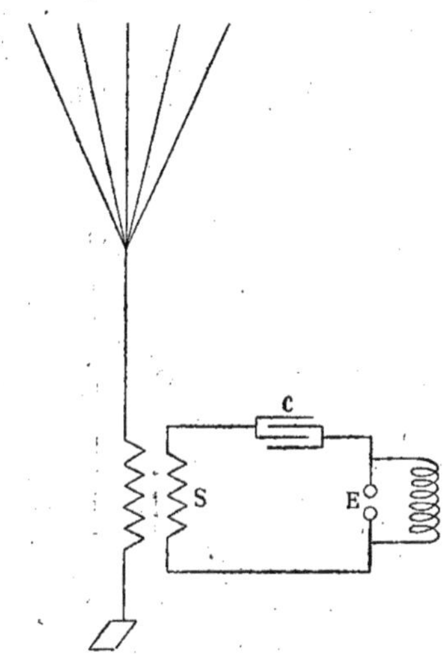

Mais quand le coefficient d'induction mutuelle a une valeur suffisamment faible, et que le couplage est *lâche*, les résultats de la théorie de Bjerkness deviennent immédiatement applicables au système constitué par l'oscillateur fermé et l'antenne. Alors, si les périodes propres des circuits sont égales, c'est-à-dire s'ils sont en résonance, la période des oscillations excitées par induction dans l'antenne est égale à la période commune.

Et l'amortissement de ces oscillations a un décrément égal à la moyenne arithmétique des décréments des oscillations propres de l'oscillateur et de l'antenne [1].

Il se trouve donc notablement réduit.

Couplage de deux systèmes. — Lorsque le coefficient d'induction mutuelle n'est pas négligeable, nous avons dit que les phénomènes deviennent plus complexes.

Sans en faire la théorie générale (qui a été donnée par Oberbeck et par Drude), nous nous bornerons aux considérations suivantes.

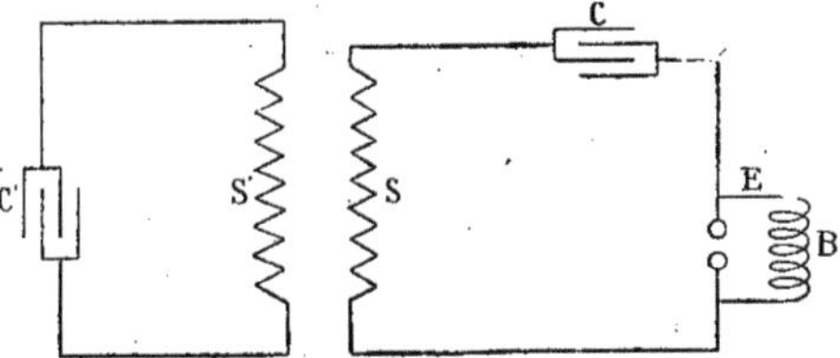

Supposons en présence deux systèmes constitués, soit par un oscillateur et un résonateur *fermés* (cas d'un simple Tesla), soit par un oscillateur fermé et une antenne (couplage inductif).

[1] Ces conséquences se trouvent pleinement vérifiées par les observations exécutées à distance au bolomètre.

Les deux cas n'en font en somme qu'un seul, car l'antenne qui prolonge le secondaire S' du Tesla peut être considérée comme faisant partie intégrante de ce secondaire. De sorte que nous pouvons figurer le circuit primaire par un oscillateur comprenant une self-induction S de valeur L, une capacité C, et un éclateur E, relié aux pôles d'une bobine d'induction; et le circuit secondaire par un résonateur comprenant une self-induction S' de valeur L' et une capacité C'. Considérons le cas particulièrement simple où les résistances des circuits sont négligeables.

Si l'on désigne par M le coefficient d'induction mutuelle des deux circuits, par V et V' les différences de potentiel instantanées au temps t, on doit satisfaire au système d'équations différentielles simultanées :

$$L\frac{di}{dt}+M\frac{di'}{dt}+V=o;$$

$$L'\frac{di'}{dt}+M\frac{di}{dt}+V'=o;$$

où :

$$i=C\frac{dV}{dt};$$

$$i'=C'\frac{dV'}{dt};$$

i et i' étant les valeurs des courants instantanés respectifs au temps t.

Ce qui donne :

$$\begin{cases} LC\frac{d^2V}{dt^2}+MC\frac{d^2V'}{dt^2}+V=o; \\ L'C'\frac{d^2V'}{dt^2}+MC\frac{d^2V}{dt^2}+V'=o; \end{cases}$$

système qui admet les solutions :

$$V=e^{\lambda t}; \qquad V'=Ae^{\lambda t}.$$

La substitution à V et V' de ces valeurs, et l'élimination immédiate de A conduit à une équation bi-carrée en $\frac{1}{\lambda^2}$:

$$\frac{1}{\lambda^4}+\frac{1}{\lambda^2}(LC+L'C')+CC'(LL'-M^2)=o.$$

D'ailleurs, le potentiel devant être une fonction périodique du temps, λ est une imaginaire.

Comme nous avons supposé les résistances négligeables, il en sera de même des amortissements.

Les quatre racines seront alors imaginaires conjuguées, de la forme :

$$\frac{1}{\lambda}=+\frac{1}{i\rho}; \qquad \frac{1}{\lambda_3}=+\frac{1}{i\rho'};$$

$$\frac{1}{\lambda_2}=-\frac{1}{i\rho}; \qquad \frac{1}{\lambda_4}=-\frac{1}{i\rho'}.$$

Les quantités $\frac{1}{\rho}$, $\frac{1}{\rho'}$ représentent évidemment des durées : elles sont proportionnelles aux périodes des fonctions V et V'.

Si l'on considère en particulier le cas de la résonance :

$$T = 2\pi\sqrt{LC} = T' = 2\pi\sqrt{L'C'},$$

et que l'on pose :

$$\theta = \frac{2\pi}{\rho}; \qquad \theta' = \frac{2\pi}{\rho'}.$$

En substituant à C et C' les valeurs :

$$C = \frac{T^2}{4\pi^2 L}; \qquad C' = \frac{T'^2}{4\pi^2 L'}.$$

L'équation bicarrée donne :

$$\frac{1}{\lambda^2} = -\frac{T^2}{4\pi^2} \pm \frac{M}{\sqrt{LL'}} \cdot \frac{T^2}{4\pi^2},$$

c'est-à-dire :

$$\begin{cases} \theta^2 = T^2\left(1 + \dfrac{M}{\sqrt{LL'}}\right); \\[2ex] \theta'^2 = T^2\left(1 - \dfrac{M}{\sqrt{LL'}}\right). \end{cases}$$

Ce qui montre que, même dans le cas de la mise en résonance des deux circuits, il se produit dans le secondaire deux oscillations de *périodes différentes*, θ et θ', l'une *plus grande*, l'autre *plus petite* que la période propre commune aux deux circuits séparés.

Le coefficient $\dfrac{M}{\sqrt{LL'}}$, qui s'introduit dans l'expression des périodes des oscillations résultantes, porte le nom de *coefficient de couplage*, et on le désigne par K.

On a ainsi :

$$\theta^2 = T^2(1 + K); \qquad K = \frac{M}{\sqrt{LL'}}.$$
$$\theta'^2 = T^2(1 - K);$$

Il est clair que la valeur de K demeure comprise entre o et 1. Pratiquement, elle est généralement inférieure à o,5.

Les expressions obtenues montrent que lorsque M est négligeable vis-à-vis de LL', on a simplement :

$$\theta = \theta' = T,$$

c'est-à-dire que, dans le cas du couplage *lâche*, les deux oscillations résultantes se confondent en une seule de période égale à la période commune : on retombe alors sur la théorie de Bjerknes.

Un calcul plus complet montre que les deux oscillations résultantes présentent, non seulement des périodes inégales, mais aussi des *amortissements différents*.

L'amortissement de l'oscillation de période la plus courte est plus grand que l'amortissement de l'oscillation de période la plus longue.

Mais les amortissements de ces oscillations résultantes prennent toujours des valeurs intermédiaires à celles des amortissements des oscillations propres des deux systèmes couplés.

Quand on excite une antenne par un oscillateur fermé, notamment, l'amortissement de l'une des oscillations se rapproche de celui de l'oscillateur fermé.

Quant à l'autre, il demeure toujours plus faible que celui de l'antenne.

Aussi, le dispositif d'émission indirecte permet, quel que soit la valeur du couplage,.

d'obtenir toujours une réduction des amortissements, et de réaliser des résonances plus nettes.

Couplage inductif indirect et couplage inductif direct. — On établit que le rapport de transformation de deux circuits couplés dépend uniquement, dans le cas de la résonance, du rapport des *capacités* respectives du primaire et du secondaire.

On trouve, par exemple, que l'on a :

$$\frac{V'}{V} = m\sqrt{\frac{C}{C'}}.$$

Le coefficient m est une fonction (assez complexe dans le cas général) du couplage, et des amortissements respectifs des circuits associés.

Pour obtenir un coefficient de transformation élevé, on est ainsi conduit à *accroître* le plus possible la valeur de la *capacité* du circuit primaire.

La théorie montre d'ailleurs, par des considérations directes, qu'il y a intérêt à *réduire* autant que possible la *self-induction* de ce circuit primaire.

Pratiquement, deux procédés différents sont employés pour la production des émissions indirectes. Celui dont nous avons parlé, qui consiste à faire usage de deux circuits inductifs séparés, — ou d'un Tesla — porte le nom de *couplage inductif indirect.*

Il permet de faire varier le coefficient de couplage dans de larges limites, et possède l'avantage précieux pour la réalisation méthodique d'une installation, de pouvoir soumettre au calcul les éléments des dispositifs utilisés et de rendre particulièrement simple l'interprétation des données expérimentales.

En revanche, il a le grave inconvénient d'exiger des isolements très élevés entre les circuits primaire et secondaire du transformateur à haute tension, isolements qu'il est toujours difficile de réaliser avec la perfection voulue.

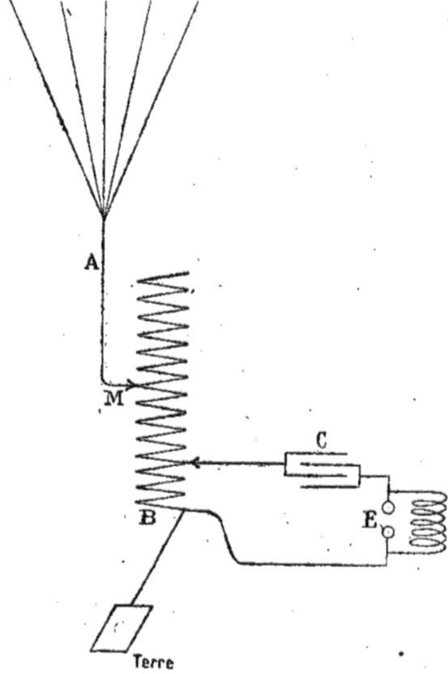

Un autre procédé consiste à confondre le circuit inductif primaire avec une portion du secondaire, c'est-à-dire à faire usage d'un *résonateur Oudin* : c'est le *couplage inductif direct.*

Le circuit primaire est constitué par un condensateur C, un éclateur E, et emprunte quelques spires (une seule de préférence) d'un solénoïde à gros fil et de grand diamètre.

L'extrémité inférieure du solénoïde est reliée à la terre, tandis que l'antenne est connectée en un point convenable du solénoïde : le circuit secondaire doit alors être considéré comme constitué par les spires comprises entre M et B.

Le mécanisme de la transmission à l'antenne de l'énergie mise en jeu dans l'oscillateur fermé est le même que dans l'excitation par Tesla.

Les valeurs du couplage ne peuvent osciller qu'entre des limites plus restreintes. En revanche, on n'a plus à se préoccuper de l'isolement entre le primaire et le secondaire, ce qui présente un intérêt capital en pratique.

Accord des circuits. — Dans la pratique, le problème que l'on a à résoudre est le suivant : émettre avec une antenne donnée des ondes de période déterminée dont l'amortissement soit compris entre certaines limites.

Dans l'emploi de l'émission indirecte, on fera choix d'une antenne dont la période propre soit inférieure à la période des ondes que l'on désire émettre.

La période propre de l'antenne se trouvera, en effet, déjà allongée par le fait de la connexion avec le circuit inductif secondaire. Le couplage donnera d'ailleurs naissance à une oscillation résultante de période plus grande que cette période propre[1].

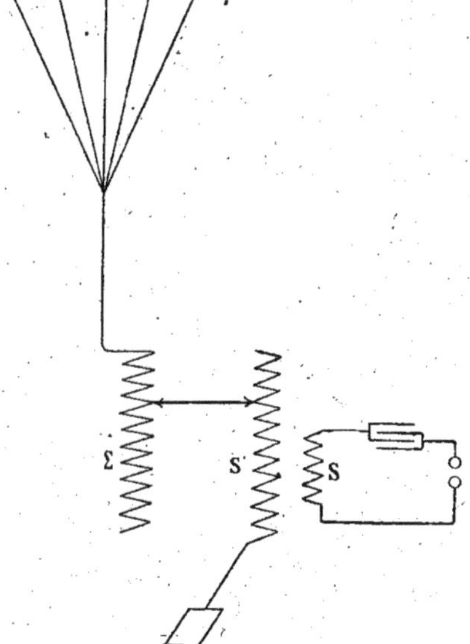

Soit T_0 la période propre de l'antenne seule et θ la période de l'émission que l'on veut obtenir. L'ensemble de l'antenne et du secondaire (du Tesla, par exemple) a une période propre $T_1 > T_0$.

Si l'on donne au primaire du Tesla la même période T_1, on obtiendra après couplage une oscillation résultante de période θ_1 telle que :

$$\theta_1 = T_1 \sqrt{1 + K},$$

---

[1] C'est toujours l'oscillation résultante de plus grande période qui est utilisée, car elle présente un amortissement plus faible et correspond, en général, à la mise en jeu d'une quantité d'énergie plus grande que l'autre.

K étant le coefficient de couplage dont la valeur a dû être choisie selon l'effet sélectif que l'on désire obtenir au poste récepteur.

On devra prendre T_1 de manière à ce que $\theta_1 = \theta$. Pour cela, on fera varier le nombre des spires du secondaire en suivant l'opération avec un ondemètre, l'antenne étant attaquée, en direct. On procédera alors au couplage après avoir donné, par variation convenable de la capacité, la période T_1 au circuit primaire du Tesla.

La mesure de la période de l'oscillation induite dans l'antenne excitée par ce circuit primaire ne fournira pas en général la valeur θ parce que le coefficient de couplage est différent de K.

Si la distance des circuits primaire et secondaire est susceptible d'être modifiée, on en fera varier *la distance* jusqu'à obtenir la période θ dans l'antenne.

Mais le plus souvent la distance des circuits est invariable.

On se bornera alors à intercaler entre l'antenne et le secondaire une self-induction auxiliaire constituée par un solénoïde Σ identique au secondaire S′ et on obtiendra par tâtonnements le résultat voulu en faisant varier simultanément et en sens inverse le nombre de spires de Σ et de S′ en se laissant guider par les indications de l'ondemètre.

L'emploi du dispositif inductif direct (résonateur Oudin) conduit à effectuer des opérations analogues.

Remarque. — Les dispositifs utilisés dans la pratique courante de la télégraphie sans fil, tant pour l'émission que pour la réception, peuvent toujours se ramener aux montages simples que nous avons décrits, et, sous une forme plus ou moins dissimulée, présentent les mêmes organes essentiels.

Les dispositifs les meilleurs sont ceux qui permettent de réaliser les conditions générales que la théorie suppose (réalisation de périodes, d'amortissements et de couplages de valeurs déterminées). Ce sont en général ceux qui se rapprochent le plus des schémas que nous avons donnés.

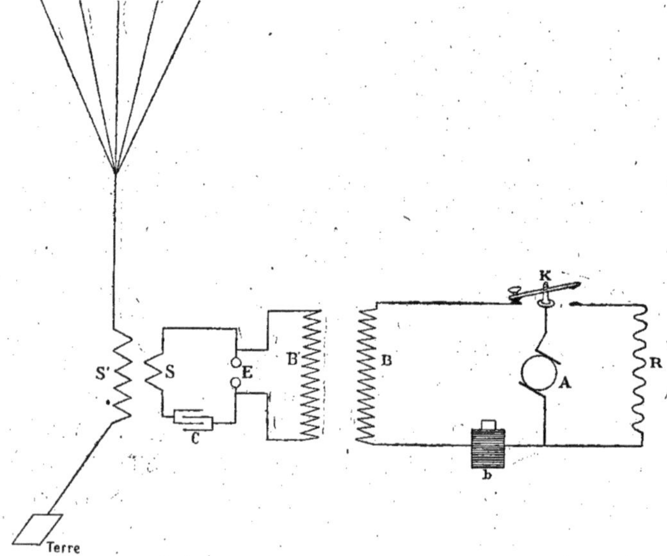

Emploi du courant alternatif. — Dans les stations puissantes, on est conduit à se servir d'une batterie de condensateurs de grande capacité au primaire de l'excitation. Les bobines d'induction alimentées par courant continu ne suffisent plus à assurer le débit sans que leur voltage subisse une réduction considérable. Aussi se sert-on de *transformateurs* industriels alimentés par de l'alternatif.

Le dispositif d'excitation est des plus simples en principe.

Les bornes du secondaire du transformateur sont reliées à l'éclateur E du circuit de décharge qui comprend le condensateur C et le primaire S du Tesla.

Le primaire B du transformateur industriel est excité par le courant de l'alterneur A. Une bobine de réaction *b* et une clef de manipulation K sont intercalées dans le circuit qui comprend des ampèremètres et voltmètres convenables.

Pendant l'intervalle des signaux, la clef K ferme le circuit de l'alternateur sur une self-induction ou un rhéostat R destiné à maintenir l'alternateur en charge et à éviter les à-coups.

Il convient d'intercaler entre le circuit de décharge E et le secondaire B′ du transformateur des résistances inductives (de faible impédance pour le courant de basse fréquence, mais d'impédance élevée pour le courant à haute fréquence) pour éviter le retour des oscillations dans le transformateur.

Mise en résonance du transformateur. — La résonance des divers circuits d'excitation — Tesla et antenne — doit être évidemment réalisée comme dans le cas où la source à haute tension est une bobine d'induction.

Mais il y a intérêt, en outre, à mettre à profit une résonance particulière qui peut se produire entre le transformateur (industriel) et la capacité du circuit de décharge. Quand un condensateur est relié aux bornes du secondaire d'un transformateur, l'expérience montre que, pour une certaine valeur de la capacité du condensateur, il est possible d'accroître dans une mesure plus ou moins grande la longueur de l'étincelle de décharge. En même temps se produit un phénomène remarquable. Si l'on intercale dans le primaire une bobine de réactance de valeur convenable, on réduit le nombre d'étincelles par seconde. L'accroissement progressif du potentiel explosif est accompagné de la *raréfaction* des étincelles.

Les surtensions que l'on peut obtenir sont considérables (on passe aisément par exemple de 10,000 à 50,000 volts) et deviennent d'emploi particulièrement avantageux dans les transmissions en télégraphie sans fil.

Dans le cas où l'on se sert d'un détecteur d'amplitude, l'effet utile, proportionnel à l'amplitude des oscillations dans le circuit inductif qui excite l'antenne, est indépendant de la fréquence même des trains d'onde. Il y a donc intérêt à accroître le plus possible cette amplitude et à n'émettre que le nombre de trains juste suffisants pour produire sur le détecteur des effets *discontinus* capables de donner lieu à l'enregistrement *continu* du signal.

La surtension qui se produit pour une valeur déterminée de la capacité présente le caractère d'un phénomène de résonance.

En première approximation on peut définir cette résonance en disant qu'elle se produit sur la self-induction du secondaire correspondante aux fuites et pour la fréquence fondamentale.

Le calcul montre en effet (Benischke) que la valeur de la capacité de *résonance* satisfait à la relation :

$$LC\,\omega^2\left(1 - K^2\right) = 1,$$

où K désigne un coefficient analogue à celui qui s'introduit dans l'étude des systèmes couplés

$$K = \frac{\sqrt{M}}{LL'},$$

L et L′ désignent ici les self-induction respectives du secondaire et du primaire du transformateur, et M leur coefficient d'induction mutuelle.

Lorsque le couplage est faible, c'est-à-dire les fuites magnétiques importantes (c'est le cas de la plupart des transformateurs à circuit magnétique ouvert), l'expérience montre que tout se passe à peu près comme si la résonance se produisait sur la self même du secondaire et d'une manière pratiquement indépendante du circuit de l'alternateur.

On doit observer que, dans les applications, la valeur de la capacité du circuit de décharge se trouve imposée par la condition de réaliser avec le primaire du circuit inductif qui excite l'antenne une période déterminée.

Pour obtenir la résonance du transformateur on pourra employer en pratique deux procédés :

1° Prendre un transformateur *à circuit très ouvert* (K très petit) et donner à L la valeur voulue, ce qui est facile à réaliser sans modifier le voltage secondaire, en faisant varier en rapport inverse la section du noyau de fer et le nombre des tours de l'enroulement secondaire ;

2° Prendre un transformateur *sans fuites* (K voisin de 1) et ajouter en série soit avec le primaire, soit avec le secondaire des bobines de self de valeur voulue. La résonance se produit alors uniquement sur les selfs additionnels [1].

Le régime du *transformateur à résonance* a fait l'objet d'une étude importante de M. Blondel qui a montré par le relevé de courbes à l'oscillographie que l'énergie s'accumule d'une manière *oscillante* dans le condensateur disposé en dérivation sur le secondaire.

La *raréfaction* des étincelles, c'est-à-dire la difficulté de rallumage après chaque décharge, serait due à la superposition d'un régime oscillatoire très amorti au régime ordinaire alternatif de résonance.

LA SYNTONIE.

C'est le désir de résoudre le problème de la syntonie qui avait conduit tout d'abord à l'emploi du système indirect d'émission et de réception.

On sait que ce problème consiste à réaliser un dispositif qui ne soit impressionné que par les ondes émises par certaines stations déterminées à l'exclusion de toutes les autres.

Bien qu'il n'ait pas paru jusqu'ici possible d'en donner une solution complète, il y a intérêt, en pratique, à se rapprocher des conditions que cette solution suppose :

1° Pour pouvoir mettre ses appareils récepteurs à l'abri des troubles provenant des émissions étrangères ;

2° Pour pallier les effets perturbateurs des décharges atmosphériques ;

3° Pour ne pas être soi-même une cause constante de troubles pour les autres stations réceptrices.

Nous avons vu qu'en raison de l'*amortissement* la résonance électrique présente toujours un certain flou et ne peut, en général, acquérir la netteté de la résonance acoustique.

La théorie de la résonance indique les conditions générales qu'il convient de remplir pour obtenir une résonance aiguë : ce sont celles qu'il faut observer si l'on désire réaliser des effets *sélectifs*.

Nous avons vu que la résonance est d'autant plus marquée que les amortissements de l'oscillateur et du résonateur ont des valeurs plus faibles.

L'émission indirecte qui permet d'obtenir la réduction de l'amortissement de l'oscillation se trouve alors imposée.

La théorie montre en outre que le *couplage* des circuits doit être *lâche*.

[1] Avec un transformateur à fuites, la modification des conditions de résonance s'obtient aussi aisément par l'addition de selfs en série dans le *secondaire*, mais les selfs ajoutés dans le *primaire* n'ont alors qu'une action négligeable.

On conçoit, en effet, que l'existence dans l'antenne d'émission des deux oscillations résultantes provenant du couplage ajoute une nouvelle complexité aux phénomènes de résonance. Il importe donc d'opérer avec une onde aussi pure que possible.

C'est ce que l'on obtient avec un couplage très faible : les deux oscillations résultantes se confondent alors en une seule.

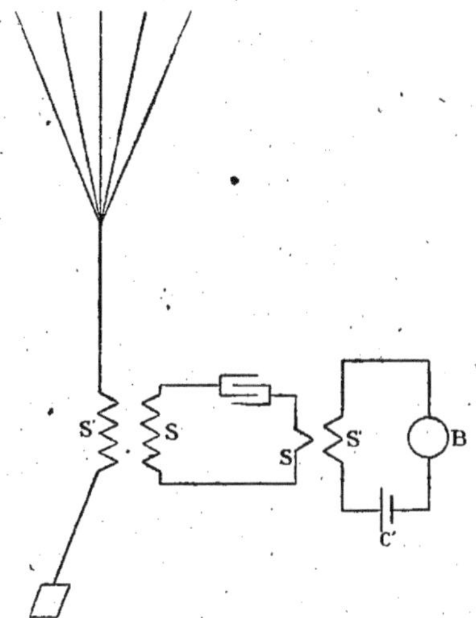

Les mêmes considérations s'appliquent évidemment au résonateur, c'est-à-dire à l'antenne réceptrice et au circuit de résonance qui agit sur le détecteur.

D'ailleurs, il importe de noter que, pour obtenir une résonance aiguë, il convient d'employer un détecteur sensible à l'*effet total* plutôt qu'à l'*amplitude*.

On se rapprochera donc des conditions voulues :

1° En faisant usage d'une émission indirecte à couplage très faible (par Tesla de préférence);

2° En faisant usage d'une réception indirecte à couplage très lâche.

A cet effet, on disposera le détecteur dans un circuit auxiliaire excité par induction par un résonateur fermé de *résistance très faible* mis en résonance avec l'antenne réceptrice et en liaison lâche avec elle;

3° En se servant d'un détecteur thermique, commme le *bolomètre*, qui est sensible à l'effet total.

On obtient alors une résonance tout à fait remarquable. Une variation de o,1 dans la période de l'émission entraîne une réduction de 5o à 1 dans l'effet reçu au bolomètre.

Pour l'application à la lecture des signaux, le pont du bolomètre sera alimenté par un courant intermittent et le galvanomètre remplacé par un téléphone. Avec un détecteur d'amplitude, comme le magnétique ou le cohéreur, l'application des mêmes principes permettra aussi d'obtenir des effets sélectifs, mais ils seront moins marqués.

Un détecteur d'effet total présente d'ailleurs un avantage sur lequel il importe d'insister. Comme il intègre les effets qu'il reçoit, on peut en profiter pour accroître dans une mesure considérable l'impression produite. Il suffit pour cela de multiplier le nombre de trains d'ondes qui lui sont envoyés. Chacune des oscillations d'un même train produit une impression sur le bolomètre et c'est cette addition des impressions successives qui, le rendant propre à utiliser le train d'onde tout entier, fait qu'il se prête à merveille à la résonance. Mais les effets des trains d'ondes successifs s'ajoutent aussi les uns aux autres pourvu qu'ils soient suffisamment rapprochés.

De sorte que, tandis qu'un détecteur d'amplitude, comme le cohéreur, réagit de la même manière, sous l'influence de n trains d'ondes ou d'un seul train par seconde, le bolomètre éprouve une impression n fois plus considérable dans le premier cas que dans l'autre.

On conçoit qu'il soit possible de mettre cette propriété à profit par divers artifices.

Pour obtenir le maximum d'utilisation du détecteur d'effet total, il conviendrait de multiplier les trains d'ondes successifs de manière à les *resserrer* au point qu'ils arrivent à se coller les uns aux autres, un train d'oscillations commençant juste au moment où le précédent vient de s'éteindre.

On substituerait ainsi à la limite un train d'onde unique *continu* à la succession de trains d'ondes *amortis*.

Le bénéfice réalisé par l'emploi d'un train d'onde continu au lieu d'une succession de trains, même faiblement amortis, peut être considérable.

L'effet exercé sur le bolomètre est proportionnel au carré de l'*intensité efficace*.

Pour des oscillations d'amortissement δ et de période T, on a :

$$\left(\text{en faisant le facteur } \frac{4\pi^2}{4\pi^2 + \delta^2} = 1 \right)$$

$$\cdot \mathrm{I}^2\,\mathrm{eff} = \mathrm{I}_0^2\,\frac{n\mathrm{T}}{4\delta}.$$

(Voir expression de la force électromotrice efficace.)

Un train d'oscillations continu, c'est-à-dire non amorti, de même amplitude I_0, aurait une intensité efficace (indépendante de la période)

$$\mathrm{I}'^2\,\mathrm{eff} = \frac{\mathrm{I}_0^2}{2}.$$

Le rapport des intensités efficaces, c'est-à-dire le rapport des actions exercées sur le bolomètre, est représenté par

$$\frac{\mathrm{I}'^2\,\mathrm{eff}}{\mathrm{I}^2\,\mathrm{eff}} = \frac{2\delta}{n\mathrm{T}}.$$

Pour $n = 50$ par seconde, $\mathrm{T} = 10^{-6}$; si l'on suppose $\delta = 0{,}1$, le rapport est égal à 4000.

L'effet des oscillations non amorties sur le bolomètre est 4000 fois plus considérable que l'effet des oscillations amorties.

Un bolomètre susceptible d'être actionné à 10 kilomètres par les oscillations amorties, émises à raison de 50 trains par seconde, pourrait être impressionné dans les mêmes conditions à une distance $\sqrt{4000} = 63$ fois plus considérable c'est-à-dire de 630 kilomètres par un train continu de *même amplitude*.

On conçoit l'intérêt qui s'attache à la production d'un train d'ondes continu ou, ce qui revient au même, à la production d'oscillations *entretenues*.

L'une des tentatives les plus intéressantes qui aient été faites dans cette voie est celle de Poulsen.

Le procédé qu'il a imaginé consiste à élever la fréquence des oscillations de l'arc chantant de Duddell au taux des oscillations hertziennes en produisant l'arc dans l'hydrogène avec soufflage électro-magnétique.

La solution de Poulsen permettrait d'atteindre une résonance extrêmement serrée (1 p. 100 paraît-il). Mais elle soulève certaines difficultés d'application pratique et suppose une perfection de régime d'arc difficile à réaliser. Aussi n'est-elle pas encore entrée dans la pratique courante.

Il ne faut pas d'ailleurs perdre de vue que, si l'effet exercé sur le bolomètre est proportionnel au nombre des trains émis par seconde, la production d'un grand nombre de trains d'ondes entraîne la dépense d'une quantité d'énergie équivalente.

Aussi le bénéfice réalisé par l'accroissement d'effet sélectif, que procure l'emploi d'un train d'ondes *continu*, peut être en disproportion avec la dépense qu'en exige la production.

De sorte qu'il peut être avantageux de se contenter d'une syntonie un peu moins serrée en employant des oscillations *peu amorties*, au lieu d'oscillations *non amorties*, et de ne pas accroître outre mesure le nombre des trains d'ondes émis.

INSTRUCTION

POUR L'USAGE

DU BOLOMÈTRE, DE L'ONDEMÈTRE

ET DU DÉCRÉMÈTRE.

Notions sur la résonance électrique [1]. — Dans l'utilisation pratique des ondes hertziennes à la télégraphie sans fil, on a en présence une source d'émission d'ondes électriques, et un collecteur chargé de les recueillir. On conçoit que ce qui importe avant tout dans une transmission, c'est que l'antenne réceptrice recueille, toutes choses égales, la plus grande quantité d'énergie possible.

Indépendamment de toute hypothèse, on peut dire qu'il y a accord entre les systèmes transmetteurs et récepteurs quand l'échange d'énergie passe par un maximum, et définir la résonance par cette condition.

Si donc, on dispose d'un détecteur susceptible de fournir l'évaluation quantitative de l'énergie mise en jeu dans l'antenne réceptrice, on peut procéder, par voie directe et purement expérimentale, à la mise en résonance de systèmes quelconques.

Le bolomètre convient à cet objet et peut être employé, soit à résoudre dans chaque cas particulier la question au point de vue pratique, soit à déterminer les conditions générales de la résonance de systèmes donnés. Bien qu'un tel instrument puisse suffire à lui seul à faire l'étude de toutes les questions de résonance, comme l'emploi en est assez laborieux, il y a intérêt à faire usage dans la pratique courante de dispositifs moins délicats.

Ces dispositifs ne sont pas susceptibles de fournir comme le bolomètre, par observation directe, la valeur même de l'énergie mise en jeu dans le système récepteur, mais donnent des indications qu'il est nécessaire d'interpréter pour en obtenir l'expression. Cette interprétation résulte de considérations théoriques et de l'adoption de certaines hypothèses dont il importe de préciser tout d'abord les conditions d'application.

L'assimilation de l'antenne réceptrice à un résonateur placé dans le champ d'un excitateur hertzien conduit à appliquer au système les relations générales de la résonance.

On est ainsi amené à considérer le mouvement électrique dans l'antenne réceptrice comme dû à la superposition de deux mouvements :

1° Une vibration forcée dont la période et l'amortissement ont pour valeurs respectives la période et l'amortissement de l'excitateur;

2° Une vibration libre dont la période et l'amortissement ont pour valeurs respectives la période et l'amortissement du résonateur.

L'énergie mise en jeu dans l'antenne réceptrice, c'est-à-dire dans le résonateur est, en général, une fonction complexe des périodes et des amortissements des systèmes en présence (et contient également des termes qui dépendent des phases des oscillations respectives).

Toutefois, si certaines conditions (qui seront précisées ultérieurement) se trouvent réalisées — en particulier, si les périodes propres de l'excitateur et du résonateur sont

---

[1] Ce chapitre résume la théorie de la résonance développée plus haut et contient les relations dont la connaissance est indispensable pour les instruments de mesure.

peu différentes, et les amortissements faibles, l'expression de l'énergie mise en jeu dans le résonateur prend une forme simple et a pour terme principal :

$$(1) \qquad I = \frac{A^2}{n^2} \cdot \frac{\alpha + \beta}{\alpha\beta\,[(a+b)^2 + (m-n)^2]};$$

où m et n désignent les pulsations de l'excitateur et du résonateur et sont liées aux périodes T et θ par les relations :

$$m = \frac{2\varpi}{T}; \qquad n = \frac{2\varpi}{\theta}.$$

α, β désignent les amortissements, et sont liés aux décréments respectifs γ et δ des oscillations propres par les relations :

$$\alpha = \frac{\gamma}{T}; \qquad \beta = \frac{\delta}{\theta}.$$

Il suffit donc, pour calculer les variations de I, de connaître les valeurs de T, θ et de γ et δ.

On conçoit ainsi qu'il soit possible de substituer à l'observation globale et directe de l'énergie mise en jeu dans l'antenne réceptrice celle des *périodes* et des *amortissements* (ou *décréments*) des oscillations dans chacun des systèmes en présence.

Tel est l'objet de l'ondemètre, instrument qui sert à la mesure des périodes, et celui du décrémètre, instrument qui donne la mesure des amortissements.

Il importe de noter que les indications fournies par l'ondemètre et le décrémètre ne peuvent suppléer à celles du bolomètre qu'autant que la relation (1) est satisfaite, c'est-à-dire que certaines conditions se trouvent remplies. On voit, d'ailleurs, que les valeurs des amortissements figurant au même titre que celles des périodes dans l'expression de l'énergie, il convient d'attribuer à leur détermination la même importance.

L'examen de la relation (1) attire d'autres remarques. Même au cas où son application est légitime, les indications de l'ondemètre et du décrémètre, c'est-à-dire la connaissance des périodes et des amortissements, ne permet d'obtenir que des valeurs proportionnelles à l'énergie mise en jeu, ou, en d'autres termes, n'en fournit que les variations. Seul, le bolomètre permet d'obtenir la valeur du facteur d'énergie A^2, c'est-à-dire la valeur réelle de l'énergie mise en jeu dans le système récepteur.

L'expression (1) montre, de plus, que l'énergie mise en jeu dans le résonateur ou antenne réceptrice, va en croissant à mesure que les périodes propres des deux systèmes s'approchent davantage l'une de l'autre, et prend une valeur maximum quand elles deviennent égales.

La relation $m = n$, c'est-à-dire $\theta = T$, détermine les conditions de résonance.

On a alors simplement :

$$(2) \qquad I_0 = \frac{A^2}{n^2} \cdot \frac{1}{\alpha\beta\,(\alpha + \beta)}.$$

Ainsi, dans les limites d'application de la relation (1), l'échange d'énergie entre les systèmes passe par un maximum quand les périodes sont égales.

La courbe de résonance. — En substituant dans la relation (1) :

$$I = \frac{A^2}{n^2} \cdot \frac{\alpha + \beta}{\alpha\beta\,[(\alpha+\beta)^2 + (m-n)^2]}$$

à m et n leurs valeurs en fonction de T et θ, à α et β leurs valeurs en fonction de γ et δ, on met I sous la forme suivante :

$$I = I_0\,\frac{\omega^2 T^2 + \pi^2 s\,(\theta - T)}{\omega^2 T^2 + \pi^2\,(\theta - T)^2}.$$

T est la période du système fixe, θ la période du système variable.

$\omega = \frac{\gamma + \delta}{2}$ est la moyenne arithmétique des décréments, I_0 représente le maximum de la valeur de I, c'est-à-dire la valeur qui correspond à la résonance, S est une constante.

Si l'on observe les effets dans le résonateur à l'aide d'un détecteur d'effet total, un instrument thermique par exemple, c'est-à-dire à l'aide d'un instrument dont les indications y sont proportionnelles à I, on a :

$$y = Y \frac{\omega^2 T^2 + \pi^2 s\,(\theta - T)}{\omega^2 T^2 + \pi^2\,(\theta - T)^2};$$

en désignant par Y la valeur de y qui correspond à I_0. Si l'on porte en abscisses les périodes θ du système variable (du résonateur, par exemple), et en ordonnées les déviations y de l'indicateur thermique, on obtient une courbe remarquable que Bjerknes a nommée *courbe de résonance*.

Le diamètre des cordes horizontales est une hyperbole équilatère qui a pour asymptote l'axe des x et une droite parallèle à l'axe des y, qui diffère très peu de la droite $\theta = T$. Le maximum de la courbe ne correspond pas exactement à la coïncidence des périodes propres de l'excitateur et du résonateur, mais peut servir à déterminer leur différence par le tracé de l'asymptote verticale.

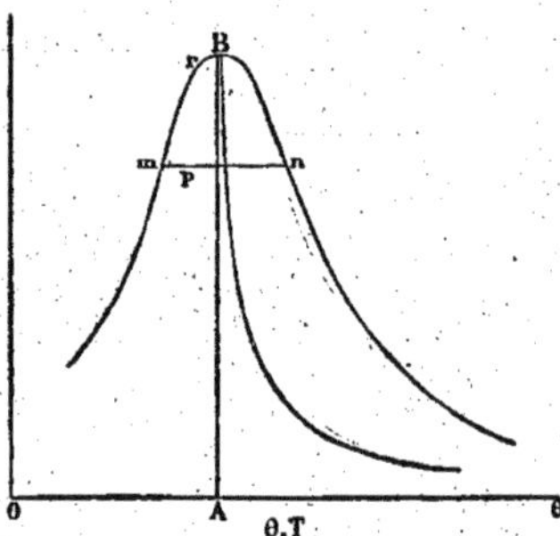

Le rapport suivant lequel l'asymptote coupe les cordes parallèles aux x fournit la moyenne ω des décréments.

Une corde quelconque mn rencontre l'asymptote parallèle aux y en un point p qui divise la corde en deux segments :

$$mp = a = (\theta_1 - T);$$
$$pb = b = (\theta_2 - T);$$

et l'ordonnée de l'asymptote en deux autres segments :

$$pq = c = y;$$
$$pr = d = \gamma - y.$$

La relation

$$y = Y \frac{\omega^2 T^2 + \pi^2 s\,(\theta - T)}{\omega^2 T^2 + \pi^2\,(\theta - T)^2}$$

peut s'écrire

$$\pi^2 y\,(\theta - T)^2 - \pi^2 s Y\,(\theta - T) + \omega^2 T^2\,(y - Y) = 0.$$

Et, sous cette forme, on voit que $(\theta_1 - T)$ et $(\theta_2 - T)$ sont racines de l'équation du second degré en $(\theta - T)$.

θ_1 et θ_2 étant les abscisses des points m et n.

Par suite :

$$(\theta_1 - T)(\theta_2 - T) = \frac{\omega^2 T^2 (y - Y)}{\pi^2 y};$$

ou :

$$\omega^2 = \frac{abc}{d} \cdot \frac{\pi^2}{T^2};$$

c'est-à-dire :

$$\omega = \frac{\gamma + \delta}{2} = \frac{\pi}{T} \sqrt{\frac{abc}{d}}.$$

Il importe d'observer que dans l'établissement de la relation (1), on a fait certaines hypothèses sur l'ordre de grandeur relatif à différents facteurs.

Ces hypothèses peuvent se traduire de la manière suivante :

1° On suppose que les périodes sont peu différentes et les amortissements relativement faibles (γ et δ inférieurs à 1);

2° On suppose qu'il n'y a pas de réaction du résonateur sur l'excitateur, ou, ce qui revient au même, que le coefficient d'induction mutuelle des circuits en présence est négligeable.

Pour que l'application des relations données soit légitime, et que l'observation de la courbe de résonance puisse servir à déterminer la période de la source et son amortissement, il importe avant tout que ces conditions soient remplies.

C'est de leur réalisation plus ou moins rigoureuse que dépendent les qualités de l'instrument de mesure.

Bolomètre. — Le bolomètre est un détecteur thermique qui permet d'obtenir par observation directe la valeur de l'énergie mise en jeu dans l'antenne réceptrice.

Il est constitué, en principe, par deux fils fins de platine respectivement intercalés dans les branches d'un pont de Wheatstone.

Les variations de température de l'un des fils entraînent des variations de résistance qui se trouvent enregistrées par le galvanomètre du pont, préalablement équilibré.

Dans l'emploi du bolomètre comme détecteur d'ondes électriques, l'effet thermique enregistré est dû aux oscillations qui prennent naissance dans l'antenne réceptrice sous l'action d'émissions à distance : il est donc, en principe, très faible.

Aussi les branches bolométriques sont-elles constituées par des fils à la Wollaston (de quelques microns de diamètre). Ces fils ténus permettent de réaliser un dispositif de grande sensibilité.

Des considérations simples montrent, en effet, que la sensibilité de l'appareil est inversement proportionnelle à la quatrième puissance du diamètre.

Dans l'établissement de l'appareil, il faut, d'une part, assurer le parfait isolement des branches bolométriques, d'autre part, localiser l'effet des oscillations dans l'une seule des branches.

L'isolement thermique est obtenu en renfermant les branches dans une même enceinte à doubles parois argentées ou nickelées séparées par une mince lame d'air.

Pour localiser l'effet des oscillations dans l'une des branches, on a adopté, selon les modèles, deux procédés différents. L'un d'eux, c'est celui qui est employé dans l'appareil étalon, consiste à disposer chacune des branches bolométriques de fil fin en petit pont de Wheatstone (fig. 2).

A cet effet, chaque branche est constituée par quatre bouts de fil identiques formant un losange allongé $mnpq$. Le petit pont $mnpq$ se trouvant équilibré, par construction, si l'on intercale dans un circuit siège d'un courant continu, alternatif ou oscillatoire, la diagonale nq qui ne se trouve pas dans le pont principal, le passage de ce courant ne fera naître aucune différence de potentiel entre les points m et p.

L'antenne et la terre sont respectivement reliées aux extrémités de cette diagonale nq. Aucune diffusion des oscillations ne peut donc se produire dans le reste du circuit et la variation de résistance enregistrée par le galvanomètre du pont principal est due uniquement à l'effet thermique provoqué par le passage du courant oscillatoire dans l'antenne.

L'autre procédé consiste à intercaler des bobines de self (sans fer et de faible résistance ohmique) de valeur convenable dans le circuit du pont principal de part et d'autre de la branche bolométrique qui reçoit directement les oscillations afin de s'opposer à leur diffusion.

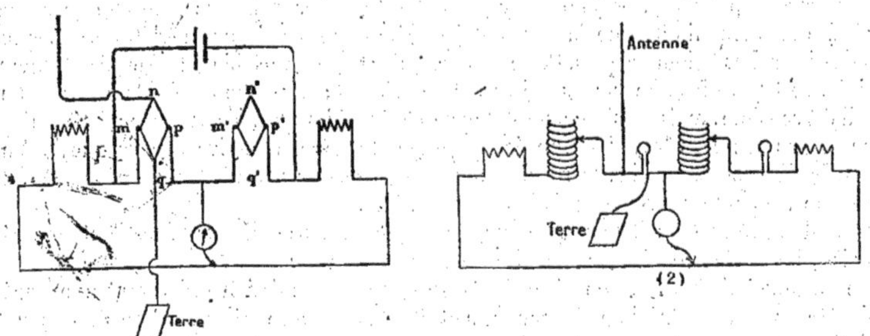

C'est ce dernier procédé qui permet de réaliser les dispositifs bolométriques les plus sensibles et qui est utilisé dans l'appareil destiné aux mesures relatives.

Les branches bolométriques, constituées chacune d'un seul bout de fil fin, sont équilibrées sur un pont à corde MN par les résistances ρ et ρ'.

Ces résistances ρ et ρ', qui sont en métal à faible coefficient de variation (manganine), se trouvent renfermées dans des enveloppes métalliques cylindriques, nickelées extérieurement et remplies de pétrole.

La même précaution est prise pour les bobines d'impédance s et s' qui se trouvent ainsi soustraites à toute brusque variation de température.

Le curseur P du pont à corde est destiné à permettre de parfaire le réglage au moment des observations.

Enfin, la source du pont est un élément d'accumulateur E et le circuit principal comprend un rhéostat R et un milliampèremètre m pour le réglage du courant. Quant au galvanomètre G, c'est un galvanomètre d'Arsonval dont le cadre est suspendu par un ruban plat enroulé en hélice.

Réglage du bolomètre. — Le bolomètre peut être employé seul ou associé comme détecteur thermique à un ondemètre.

Les réglages à effectuer sont les mêmes dans les deux cas. Il faut d'abord mettre le galvanomètre en station et, pour cela, procéder de la manière suivante :

La source destinée à l'éclairage du spot (lampe à incandescence, de préférence) est disposée dans le plan de la règle. La règle est placée à 1 mètre du miroir du galvanomètre. Pour la mettre à bonne hauteur, on la fait tourner de manière à ce qu'en visant le long de l'arête supérieure, on aperçoive le centre du miroir. Afin de s'assurer que le rayon réfléchi, dans la position d'équilibre du spot, c'est-à-dire au zéro, est bien perpendiculaire à l'échelle, on peut se servir d'une équerre dont l'on appuie l'une des branches horizontalement le long de la règle, le sommet de l'angle droit étant placé au milieu. En visant dans la direction de l'autre branche, on doit rencontrer le centre du miroir du galvanomètre.

Pour obtenir sans tâtonnements l'éclairement du spot, il convient d'orienter d'abord le miroir de la règle vers l'œil, de manière à recevoir le rayon réfléchi. En le faisant tourner ensuite autour de l'axe de son plan, on renvoie le rayon réfléchi sur le miroir du galvanomètre et le spot se trouve éclairé et projeté sur la règle.

8.

S'assurer que le barillet du support de la règle est muni de sa lentille : l'éclairage du spot n'est uniforme qu'à cette condition.

Pour opérer le réglage du pont, on intercale tout le rhéostat dans le circuit principal, et l'on ferme successivement le courant, puis la clef du galvanomètre : si l'appareil est en état, le galvanomètre doit demeurer au zéro dans ces conditions ou dévier à peine. On réduit alors progressivement la valeur de la résistance intercalaire. Le galvanomètre prend, en général, une déviation que l'on corrige en déplaçant le curseur du pont à corde dans le sens convenable.

Il faut suivre, avec soin, les indications du milliampèremètre qui se trouve intercalé dans le circuit principal, et donne le courant total qui passe dans le pont afin de ne pas atteindre la valeur limite que l'on ne doit pas dépasser sans risquer de détériorer les fils fins des branches bolométriques. Cette valeur, qui est assez variable selon les échantillons utilisés, se trouve inscrite sur les boîtes bolométriques : plus elle est faible et plus l'appareil est sensible, mais aussi plus il est délicat et plus il importe d'observer de précautions pour ne pas soumettre les fils à un échauffement exagéré. Il arrive parfois que, même quand le fil n'est pas fondu, le recuit amène une brusque variation de sa résistance, de sorte que l'appareil se trouve complètement déréglé.

Quand on se sert du bolomètre pour opérer des mesures directes dans l'antenne réceptrice, il convient d'adopter le mode opératoire suivant :

Le poste d'émission fait une série de *longues*, chaque émission présentant une durée suffisante pour que le régime permanent soit établi et que le galvanomètre prenne une déviation fixe.

L'intervalle entre les émissions successives doit être tel que le spot ait le temps de revenir au zéro.

On adoptera, par exemple, des séries de 6 émissions d'une durée de 10 secondes chacune, séparées par des intervalles de 15 secondes.

Chaque série sera précédée d'une attaque ordinaire et de trois A. S. avertissant que l'on commence l'exécution des émissions. Au troisième A. S., on reliera l'antenne et la terre au bolomètre et l'on se mettra en observation.

Il importe, non seulement que les émissions mêmes présentent une grande régularité, c'est-à-dire que les étincelles soient bonnes, mais que la fréquence des trains d'ondes émis demeure *invariable* pendant toute la durée des mesures.

Le spot doit dévier progressivement et prendre une déviation sensiblement fixe en oscillant seulement légèrement autour de sa position d'équilibre.

Les valeurs obtenues pour les déviations produites par les émissions d'une même série, c'est-à-dire exécutées dans des conditions identiques, doivent être assez peu différentes pour que l'on puisse prendre la moyenne des lectures.

Quand les émissions d'une même série donnent des valeurs discordantes, c'est l'indice que ces émissions sont défectueuses et il faut renoncer à les utiliser.

Il importe d'observer certaines précautions afin d'éviter de brûler le fil fin pendant l'exécution des mesures. Outre la prescription donnée précédemment de veiller au régime du courant d'alimentation du pont, il est *absolument nécessaire* que le bolomètre ne reste pas relié à la terre pendant une transmission. Le moyen le plus sûr de prévenir l'accident consiste à disposer, entre la connexion du bolomètre à la terre, un commutateur à deux directions qui commande en même temps le circuit d'excitation primaire d'émission. La connexion bolomètre-terre se trouve alors nécessairement coupée quand on ferme l'excitation pour transmettre un signal.

Usages du bolomètre. — Intercalé dans l'antenne réceptrice, c'est-à-dire avec le montage qui vient d'être décrit, le bolomètre permet de déterminer, par observation directe, les conditions pour lesquelles l'échange d'énergie entre les systèmes transmetteurs et récepteurs passe par un *maximum*, soit, par exemple, les *dimensions électriques* de l'antenne réceptrice qui répondent à l'accord d'une émission donnée. Pour utiliser les indications de l'instrument en vue de cette détermination, il suffit de noter les déviations obtenues pour des émissions bien constantes, tandis que l'on fait subir une variation méthodique aux dimensions de l'antenne réceptrice.

Il permet, de même, d'obtenir les valeurs relatives de l'énergie mise en jeu dans un même système récepteur quand on l'attaque par des émissions *différentes*, de mêmes périodes et, par suite, de procéder à la *comparaison* de divers systèmes d'émission.

Après étalonnage préalable (opéré, par exemple à l'aide du bolomètre à pont auxiliaire) il donne, en valeur absolue, le courant dans l'antenne réceptrice, c'est-à-dire l'intensité efficace au ventre d'intensité.

De la valeur de l'intensité efficace, on peut déduire aisément celle de l'*amplitude* quand les constantes de l'antenne ont été déterminées par l'ondemètre et le décrémètre.

On a, en effet, pour l'oscillation fondamentale :

$$I = I_0 e^{-\gamma \frac{t}{T}} \cos 2\pi \frac{x}{\lambda} \sin 2\pi \frac{t}{T}.$$

λ désignant la longueur d'onde de l'oscillation, T la période, et γ le décrément.

Pour n *trains d'ondes* par seconde, au ventre d'intensité de l'antenne :

$$I^2_{\text{eff}} = n \int_0^\infty I^2 dt = \frac{I_0^2}{4\gamma} \cdot \frac{4\pi^2}{4\pi^2 + \gamma^2} nT.$$

D'ailleurs, le facteur $\dfrac{4\pi^2}{4\pi^2 + \gamma^2}$ étant généralement peu différent de l'unité, on peut écrire simplement :

$$I^2_{\text{eff}} = I_0^2 \frac{nT}{4\gamma},$$

I_0 désignant l'*amplitude* du courant.

Un cas où les indications du bolomètre sont très utiles est celui où l'on est obligé de se servir à l'émission et à la réception d'antennes de longueurs notablement différentes. Le bolomètre permet de déterminer aisément le bénéfice que l'on peut avoir à travailler sur l'oscillation fondamentale (en allongeant l'antenne la plus courte par une self auxiliaire), ou sur une oscillation supérieure.

Enfin, nous verrons que le bolomètre devient particulièrement précieux quand on l'associe à un *ondemètre*, car il permet la réalisation rigoureuse des conditions que la théorie suppose.

Ondemètre. — Le principe général sur lequel reposent les ondemètres consiste à mettre en résonance avec le système étudié un système auxiliaire ou *résonateur*, dont on peut faire varier les constantes de quantités connues.

Quand la résonance est établie, ce que l'on constate à l'aide d'un détecteur approprié, la période cherchée est fournie par celle du résonateur accordé. On obtient la période du résonateur, soit par le calcul, en fonction de ses dimensions électriques, soit par étalonnage préalable.

Dans l'emploi des ondemètres à la détermination des périodes, on admet toujours que la période du résonateur en résonance avec une source excitatrice est égale à la période propre de la source.

Cela n'est pas exact, en général, et il importe d'observer que l'on n'obtient ainsi qu'une valeur approchée qui peut même devenir fort grossière lorsque les conditions qui ont été indiquées plus haut ne se trouvent pas remplies.

La détermination rigoureuse de la période doit être opérée en faisant le tracé de la courbe de résonance.

Les dispositifs employés pratiquement comme ondemètres se rapportent au type *résonateur ouvert*, ou au type *résonateur fermé*.

Les ondemètres dont nous avons à nous occuper ici appartiennent au type *résonateur fermé*. Ils comprennent, soit une self-induction fixe et une capacité variable, soit une capacité fixe et une self variable.

Le circuit fermé présente une longueur totale relativement faible, la capacité peut être considérée comme concentrée tout entière en un point et la self-induction en une autre portion du circuit.

La relation $T = 2\pi\sqrt{LC}$ est alors rigoureusement applicable et permet d'obtenir la valeur de la période du résonateur.

D'ailleurs, si l'on donne au circuit inductif une forme géométrique simple, on peut obtenir la valeur numérique de la self-induction par le calcul en fonction des dimensions de l'appareil.

Si l'on emploie, en outre, comme capacité variable, des condensateurs à lames d'air, susceptibles d'être étalonnés en basse fréquence, et que l'on associe le résonateur au système étudié par un couplage *très lâche*, on réalise un *ondemètre-étalon*, c'est-à-dire un ondemètre capable de fournir les valeurs absolues des périodes.

En pareil cas, il convient de se servir comme détecteur du *bolomètre*, dont la sensibilité permet l'emploi d'un couplage extrêmement faible et qui, en qualité de détecteur d'effet total, donne une résonance *très serrée*.

L'un des ondemètres destinés aux mesures courantes est disposé, en principe, comme l'ondemètre étalon. Mais la self-induction, qui est constituée par un cadre rectangulaire portant plusieurs tours de fils, n'est pas calculable, et la capacité, qui est un condensateur à lames de verre, dépend de la fréquence.

Aussi l'appareil doit-il recevoir un étalonnage préalable.

Dans le modèle en service, le cadre porte 6 tours de fils. On peut prendre comme self-induction, soit les 6 tours entiers, soit un nombre de tours plus faible (2 ou 4 par exemple). Le condensateur, à feuilles d'étain et lames de verre, est divisé en sections que l'on peut associer en parallèle à l'aide de fiches.

Ces sections ont été étalonnées en haute fréquence et présentent les valeurs suivantes :

1/4	450 centimètres.
1/2	900
1	1,800
2	3,600
2	3,600
5	9,000 centimètres ou 1/100ᵉ de microfarad.

Le même condensateur servant dans tous les cas, on peut, en prenant les différentes selfs du cadre, mesurer les valeurs suivantes de longueurs d'onde :

2 tours,	150 à 350 mètres.
4	350 à 800
6	800 à 1,200

Le détecteur est un ampèremètre thermique qui se trouve intercalé en série dans le circuit même du résonateur.

Pour certaines observations plus précises, il peut être nécessaire d'opérer avec un couplage très lâche : on substitue alors le bolomètre à l'ampèremètre thermique en prenant soin de réduire au minimum la longueur des connexions.

L'autre modèle d'ondemètre en service est à *inductance variable*. Il comprend un circuit *s* (formé de plusieurs tours de fil isolés) disposé à l'intérieur d'un tube métallique *s'* enroulé en spire de diamètre notable.

Les extrémités du circuit *s* sont reliées à un condensateur et l'ensemble constitue un résonateur fermé dans le circuit duquel est intercalé un thermique.

Le tube *s'* peut être regardé comme le secondaire d'un transformateur dont le primaire est constitué par le circuit *s*. Lorsque le secondaire de ce transformateur est ouvert, c'est-à-dire lorsque les extrémités du tube sont isolées, la réaction du secondaire sur le primaire étant négligeable, la self-induction de l'ensemble demeure sensiblement la même que si le tube n'existait pas, et présente une certaine valeur L. Si l'on vient au contraire à fermer le secondaire, c'est-à-dire à mettre la *spire-tube* en court-circuit, les réactions mutuelles deviennent énergiques, de sorte que la self-induction apparente de l'ensemble se trouve notablement réduite et prend une valeur $L_0 < L$.

On réalise les valeurs intermédiaires par le déplacement, sur le pourtour du tube, d'un bras mobile portant un contact glissant qui permet de court-circuiter une portion plus ou moins longue du tube, c'est-à-dire du secondaire.

Deux condensateurs de capacités différentes peuvent être intercalés à volonté dans le circuit du résonateur de manière à étendre l'échelle des mesures.

Emploi des ondemètres. — Les questions principales que l'on a à résoudre, en pratique, se ramènent aux suivantes :

1° Un système étant donné, trouver sa période;

2° Donner à un système une période déterminée.

I. *Détermination de la période d'un système.* — Si le système est une antenne, on attaquera cette antenne en direct, en intercalant entre l'éclateur et la terre un bout de conducteur qui agit par induction sur le cadre de l'ondemètre.

Si le système est un dispositif d'émission indirecte, il suffira de placer le cadre du résonateur dans le voisinage du circuit inductif d'excitation.

Il importe que le couplage de l'ondemètre avec le circuit inductif ait une valeur aussi faible que possible. On opérera donc avec une excitation relativement forte, en disposant l'ondemètre le plus loin possible du circuit inductif, et à une distance telle que les déviations du thermique demeurent suffisantes.

Dans tous les cas, on s'attachera à faire des émissions régulières, en prenant soin que la fréquence des trains d'oscillations, c'est-à-dire le nombre de décharges par seconde, demeure bien constante.

Avec l'ondemètre à self induction fixe, on fera varier progressivement la valeur de la capacité par le jeu des fiches, d'abord par unités, puis par fractions (1/2 et 1/4) pour obtenir une approximation plus grande dans l'encadrement du maximum. Un tableau joint à l'ondemètre donne, pour chacune des valeurs de la capacité, la valeur de la période du résonateur (ou de la longueur d'onde estimée pour la propagation dans le milieu) qui correspond à la résonance avec le système étudié.

En première approximation, la valeur de la période qui répond au maximum des indications du thermique de l'ondemètre, est égale à la période de la source excitatrice.

Nous reviendrons ultérieurement sur la détermination des périodes à l'aide de la courbe de résonance.

Les valeurs respectives des capacités des self-inductions différentes dont l'on est appelé à faire usage sont inscrites sur l'appareil, de sorte que l'on peut se dispenser d'avoir recours au tableau, qui n'est qu'un barème calculé d'après sa relation :

$$T = 2\pi\sqrt{LC} \quad \text{et} \quad \lambda = \Omega T.$$

Si l'on se sert des valeurs de L et de C pour faire le calcul de λ, on doit observer que l'on obtient λ en centimètres en exprimant C en U. É. S., c'est-à-dire en centimètres et L en U. E. M., c'est-à-dire également en centimètres.

La connaissance séparée de L et de C devient indispensable pour certaines applications de l'ondemètre, déterminations de coefficients d'induction en haute fréquence, notamment.

Avec l'ondemètre avec inductance variable, on déplacera progressivement le bras mobile de manière à faire passer les indications du thermique par un maximum.

Pour déterminer exactement la position du bras qui correspond à ce maximum, on donnera au bras des déplacements faibles, en avant et en arrière, afin de l'encadrer.

Le bras porte un index mobile sur un cercle divisé. On obtiendra la valeur de la longueur d'onde en se reportant à l'abaque ou au tableau d'étalonnage de l'ondemètre.

II. *Donner à un système une période déterminée.* — S'il s'agit d'une antenne, on peut obtenir des variations progressives de la période propre de deux façons, soit en agissant sur la portion extérieure de l'antenne, soit en intercalant une *self additionnelle* entre l'antenne et la terre.

On opérera comme précédemment pour exciter l'ondemètre dont la capacité ou l'inductance auront reçu au préalable la valeur correspondante à la période que l'on désire réaliser.

Une observation rapide indiquera tout d'abord si l'on se trouve au-dessus ou au-dessous de l'accord. On modifiera alors l'antenne (soit extérieurement, soit intérieurement) jusqu'à ce que les indications du thermique passent par un maximum.

S'il s'agit d'un système inductif, l'opération demeure en principe la même.

Toutefois, comme la modification de la self intercalée dans l'antenne entraîne une variation de couplage, il y a lieu d'observer certaines précautions si l'on désire conserver au couplage une valeur déterminée.

On est ainsi nécessairement amené dans la réalisation de l'accord des systèmes indirects à prendre en considération le *coefficient de couplage*.

Détermination du coefficient de couplage. — L'ondemètre permet d'obtenir aisément la valeur du *coefficient de couplage* de deux circuits — d'un circuit inductif et d'une antenne, par exemple.

On sait que quand on associe un circuit excitateur et une antenne qui présentent des périodes propres identiques, deux oscillations de périodes différentes, θ et θ', l'une plus grande, l'autre plus petite que la période commune, prennent naissance dans l'antenne. Si l'on désigne par T la période commune primitive, par K un coefficient compris entre o et 1, on a :

$$\theta^2 = T^2(1+K)$$
$$\theta'^2 = T^2(1-K),$$

K est le *coefficient de couplage*. En première approximation il est représenté par le rapport $\dfrac{M}{\sqrt{LL'}}$ du coefficient d'induction mutuelle à la racine carrée du produit des coefficients de self induction respectifs des circuits en présence.

En principe, on peut obtenir la valeur de K, soit par la détermination des périodes résultantes θ et θ' :

$$K = \frac{\theta^2 - \theta'^2}{\theta^2 + \theta'^2};$$

soit par la détermination de la période propre T, et de la période résultante la plus grande θ.

On a ainsi :

$$K = \frac{\theta^2}{T^2} - 1.$$

C'est la seconde méthode qu'il convient d'employer en pratique, car la résonance de l'oscillation de plus grande période est en général marquée d'une manière bien plus nette que celle de l'oscillation de la période la plus faible.

Mise à l'accord d'un circuit d'émission indirecte. — Le problème général que l'on a à résoudre en pratique est le suivant :

Émettre avec une antenne *donnée*, attaquée par un circuit inductif, des ondes de période *déterminée*, dont l'amortissement soit compris entre certaines limites ou, ce qui revient au même, de manière à ce que le couplage ait une certaine valeur.

On fera tout d'abord choix d'une antenne dont la période propre soit inférieure à la période des ondes que l'on désire émettre.

D'une part, en effet, la période propre de l'antenne se trouvera allongée par le fait de la connexion avec le circuit inductif secondaire. D'autre part, le couplage donnera naissance à une oscillation résultante de période plus grande que la période propre.

Soit T_0 la période propre de l'antenne seule, et θ la période de l'émission que l'on veut obtenir.

L'ensemble de l'antenne et du résonateur Oudin d'émission a une période $T_1 > T_0$.

Si l'on donne au circuit inductif primaire (à l'aide de l'ondemètre) la même période T_1, on obtiendra, après couplage, une oscillation résultante de période θ_1, telle que :

$$\theta_1 = T_1\sqrt{1 + K},$$

K étant le coefficient de couplage, dont la valeur a été fixée *à priori* selon l'effet sélectif que l'on désire obtenir au poste récepteur.

On devra choisir la valeur T_1 de manière à ce que $\theta_1 = \theta$. Pour cela, on fera varier le nombre des spires intercalées dans l'antenne en suivant l'opération avec l'ondemètre, l'antenne étant attaquée en direct.

Puis l'on procédera au couplage, après avoir donné, par variation convenable de la capacité (et de la self pour parfaire le réglage) la période T_1 au circuit d'excitation. Mais il est clair que la période de l'oscillation induite dans l'antenne par ce circuit primaire n'aura pas, en général, la valeur voulue θ, parce que le coefficient de couplage aura une valeur différente de la valeur supposée, K.

Pour obtenir le résultat cherché, il faudrait en toute rigueur que l'on puisse faire varier d'une manière indépendante le coefficient d'induction M, et les coefficients L et L'.

C'est ce que l'on obtiendrait, par exemple, en intercalant entre l'antenne et le secondaire du circuit inductif, c'est-à-dire le résonateur Oudin, une self-induction auxiliaire indépendante Σ (fig. 4).

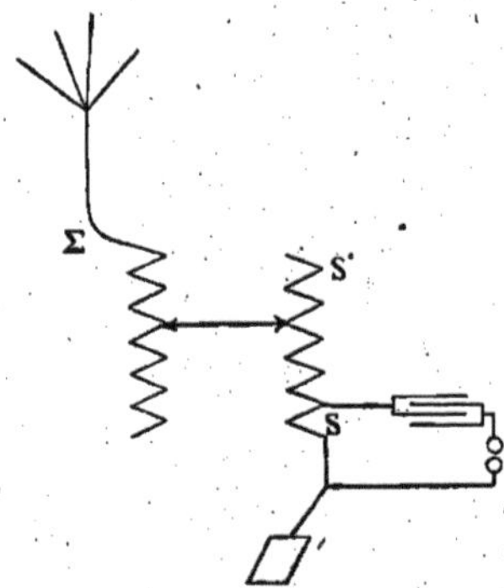

On ferait alors varier simultanément, et en sens inverse, le nombre des spires de Σ et de S' (spires totales de l'Oudin) en se laissant guider par les indications de l'ondemètre.

Dans le dispositif réglementaire, le nombre total s' des spires de l'Oudin est invariable. Pour faire varier la valeur du coefficient de couplage, on se bornera à modifier le nombre des spires du primaire s, cette modification entraînant bien entendu une modification corrélative de la valeur de la capacité du circuit excitateur.

Détermination des amortissements. — La détermination des amortissements peut être opérée, soit à l'aide de l'*ondemètre*, en faisant le tracé de la courbe de résonance, soit par le *décrémètre*.

1° Par la courbe de résonance.

A. *Par la courbe de résonante* (cubique). — Nous avons indiqué plus haut que la construction du diamètre hyperbolique et de l'asymptote paralèlle aux y permet d'obtenir la valeur de la période T de la source. Le rapport dans lequel l'asymptote coupe les cordes parallèles aux x fournit la moyenne ω des décréments.

L'ondemètre à capacité variable permet d'obtenir aisément le tracé par points de la courbe.

Il suffit de noter les indications du thermique qui correspondent à des valeurs progressivement croissantes de la capacité variable du résonateur.

On porte en abscisses les *racines carrées des capacités*, proportionnelles aux périodes (ou les périodes correspondantes elles-mêmes), en ordonnées, les *carrés des indications du thermique* (supposé gradué en intensités efficaces)[1].

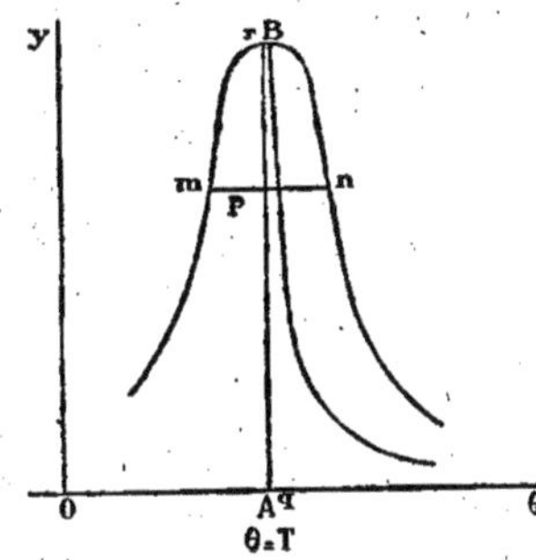

Le tracé graphique de la courbe, de l'hyperbole et de ses asymptotes, étant effectué — sur papier millimétré de préférence — l'abscisse $\widehat{OA}$ de l'asymptote donne immédiatement la valeur de la période réelle T de la source.

On trace ensuite une corde *mn* parallèle à l'axe des x de manière à diviser l'ordonnée $\widehat{AB}$ de l'asymptote verticale dans un rapport déterminé, soit par exemple,

$$\frac{\widehat{Ap}}{\widehat{Bp}} = 2,$$

et l'on mesure, à l'échelle des abscisses, les longueurs des segments

$$mp = a,$$
$$pn = b.$$

La valeur numérique de la moyenne des décréments est donnée par la relation

$$\omega = \frac{\gamma + \delta}{2} = \frac{\pi}{\widehat{OA}} \sqrt{2ab}.$$

Pour en déduire la valeur de γ, décrément du système examiné, on peut se contenter de prendre pour δ la valeur $\delta = \frac{R}{2L} T$ du décrément du résonateur.

[1] Ou les déviations mêmes du bolomètre.

Cette valeur, qui a été calculée une fois pour toutes pour différentes valeurs de la période, se trouve inscrite sur le tableau des constantes de l'ondemètre.

Si l'on veut obtenir une précision plus grande, il est préférable de déterminer séparément, par expérience, γ et δ.

A cet effet, on trace une seconde courbe de résonance après avoir intercalé dans le résonateur de l'ondemètre une résistance *non inductive* qui porte son décrément de la valeur primitive à la valeur δ_1. Le décrément de l'antenne ayant conservé la valeur primitive γ, le relevé des éléments de la courbe donne :

$$\omega_1 = \frac{\gamma + \delta_1}{2}.$$

On prend soin d'opérer avec la *même énergie* d'excitation pour relever les deux courbes de résonance.

Or, lors de la résonance, on a pour la première [voir relation (2)] :

$$I_0 = \frac{A^2}{n^2} \cdot \frac{1}{\alpha\beta[\alpha + \beta]},$$

ou, en substituant à α, β leurs valeurs en fonction de γ et δ :

$$\alpha = \frac{\gamma}{T}, \qquad \beta = \frac{\delta}{\theta},$$

et désignant par Y_0 le *maximum* des indications du thermique, c'est-à-dire l'ordonnée qui correspond à la résonance

$$Y_0 = \frac{a^2}{\gamma\delta\,(\gamma + \delta)},$$

a^2 est un facteur qui ne dépend que de la période et de la valeur de l'énergie d'excitation.

Le tracé de la seconde courbe de résonance, obtenu avec une valeur δ_1 du décrément du résonateur, donne de même :

$$Y_0' = \frac{a^2}{\gamma\delta_1\,(\gamma + \delta_1)},$$

Y_0' étant la nouvelle valeur du maximum du thermique, a^2 conserve la même valeur puisque l'on opère à énergie *constante*.

On a ainsi, pour déterminer les décréments, les relations suivantes :

$$\gamma + \delta = 2\omega,$$
$$\gamma + \delta_1 = 2\omega_1,$$
$$Y_0\gamma\delta\,(\gamma + \delta) = Y_0'\gamma\delta_1\,(\gamma + \delta_1);$$

qui donnent :

$$\gamma = 2\,\frac{Y_0\omega^2 - Y_0'\omega_1^2}{Y_0\omega - Y_0'\omega_1}$$

$$\delta = 2\,Y_0'\omega_1\,\frac{\omega_1 - \omega}{Y_0\omega - Y_0'\omega_1}.$$

On peut obtenir une valeur approchée de ω, souvent suffisante en pratique, en mettant à propos la remarque suivante qui dispense de faire le tracé, toujours laborieux, de la courbe de résonance.

Désignons par Y_0 l'ordonnée qui correspond à la résonance, c'est-à-dire à l'indication maximum I_0 du thermique.

On a : $Y_0 = I_0^2$.

· Déterminons d'autre part les valeurs T' et T" des périodes du résonateur — en deçà et au delà de l'accord — pour lesquelles l'indication I' du thermique soit réduite à la valeur $\dfrac{I_o}{\sqrt{2}}$.

Les ordonnées correspondantes Y' et Y" de la couche de résonance ont pour valeur commune :

$$Y' = Y'' = \frac{Y_0}{2}.$$

Or on a : $\omega = \dfrac{\pi}{T}\sqrt{\dfrac{abc}{d}}$ pour une corde mn d'ordonnée Y'.

Et ici, $\dfrac{c}{d} = \dfrac{\dfrac{Y_0}{2}}{Y_0 - \dfrac{Y_0}{2}} = 1$.

D'autre part, si la courbe est assez pointue, l'hyperbole se confond avec son asymptote et l'on a :

$a = b$. D'où $a = \dfrac{\overline{mn}}{2} = \dfrac{T' - T''}{2}$.

Par suite, il vient simplement.

$$\omega = \frac{\pi a}{T} = \frac{\pi}{2} \cdot \frac{T' - T''}{T}.$$

Ou bien, $\omega = \dfrac{\pi}{2} \cdot \dfrac{\lambda' - \lambda''}{\lambda} = \dfrac{\pi}{2} \dfrac{\sqrt{c'} - \sqrt{c''}}{\sqrt{c}}$

en désignant par λ, λ', λ'', ou c, c', c'', les valeurs des longueurs d'ondes ou des capacités qui correspondent aux périodes T, T' et T".

Il suffira donc, pour faire l'observation, de noter la valeur λ ou c qui correspond à la résonance, ainsi que les valeurs λ' et λ'' ou c' et c'' qui correspondent au déréglage du résonateur tel que l'indication maximum du thermique soit réduite dans le rapport $\dfrac{1}{\sqrt{2}} = 0{,}705$.

B. *Par la courbe de résonance (parabole)*. — Si dans la relation (1) :

$$I = \frac{A^2}{n^2} \cdot \frac{\alpha + \beta}{\alpha\beta\left[(\alpha+\beta)^2 + (m-n)^2\right]},$$

on pose :

$$(m - n) = x, \qquad \frac{1}{I} = z,$$

il vient :

$$z = \frac{n^2}{A^2} \cdot \alpha\beta.(\alpha + \beta) + \frac{n^2}{A^2} \cdot \frac{\alpha\beta}{\alpha + \beta} x^2.$$

La courbe $z = f(x)$ est une parabole à axe vertical dont le sommet correspond à :

$$x = m - n = 0.$$

L'abscisse du sommet de la parabole donne la fréquence de la source. — L'ordonnée h du sommet a pour valeur :

$$h = \frac{n^2}{A^2}(\alpha + \beta)\,\alpha\beta,$$

et le *paramètre*,

$$2p = \frac{A^2}{n^2} \cdot \frac{\alpha + \beta}{\alpha\beta}.$$

De sorte que l'on a :

$$2ph = (\alpha + \beta)^2.$$

p et h se déterminent aisément graphiquement en traçant la parabole par points sur papier millimétré, tracé qui donne le sommet P et le foyer F.

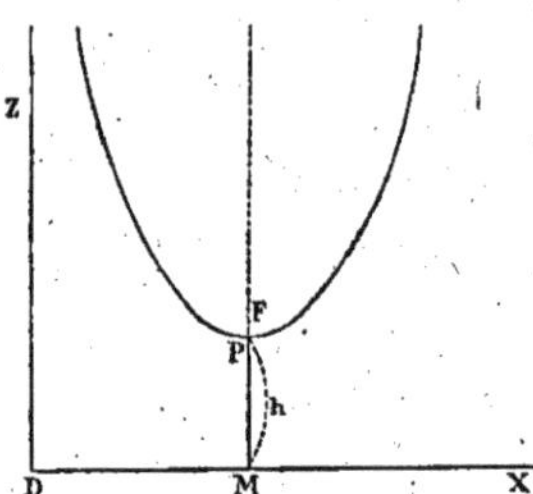

Une seconde détermination, opérée avec une valeur différente δ_1 du *décrément* du résonateur (c'est-à-dire β_1) de l'amortissement donne une autre parabole, soit une nouvelle valeur p' du paramètre p, et une nouvelle valeur h' de l'ordonné minimum h.

Par suite :

$$2p'h'(\alpha + \beta_1)^2.$$

D'ailleurs, si l'on a pris soin d'opérer à *énergie d'excitation constante*, on a :

$$\frac{p'}{p} = \frac{\alpha + \beta_1}{\alpha + \beta} \cdot \frac{\beta}{\beta_1},$$

ce qui fournit, comme plus haut, trois relations indépendantes pour déterminer α, β et β_1 ou, ce qui revient au même, γ, δ et δ_1.

On peut aussi se contenter de tracer une seule parabole en adoptant pour δ la valeur, déduite par le calcul, de l'observation préalable des constantes du résonateur.

Remarque. — Les deux méthodes précédentes donnent des résultats équivalents. Il convient toutefois d'adopter le procédé de calcul par la parabole (qui est plus rapide que l'autre) quand les amortissements sont très faibles. La dissymétrie de la cubique est alors peu marquée, et la parabole a l'axe vertical comme on l'a supposé. Quand les amortissements prennent des valeurs notables, la variation de période entraîne une variation d'amortissement, de sorte que la cubique devient dissymétrique.

Cette dissymétrie se traduit dans le tracé parabolique par une *inclinaison* de l'axe de la parabole. L'ordonnée minimum et le paramètre conservent les mêmes valeurs, mais il n'y a plus de relation simple pour obtenir la valeur de la période de la source : il est alors préférable de tracer la cubique.

L'application de la méthode de la courbe de résonance suppose essentiellement que l'on fasse varier la période du résonateur (peu importe d'ailleurs de quelle manière), mais que ce soit le *seul* élément qui varie.

Elle suppose en outre que les indications du détecteur sont *proportionnelles* à l'énergie totale mise en jeu dans le résonateur. Ces conditions se trouvent remplies dans l'emploi de l'ondemètre précédemment décrit qui a été établi en vue de ces déterminations. La variation de période s'obtient, en effet, par la variation seule de la capacité de sorte que l'amortissement $\delta = \frac{R}{2\delta}T$ conserve une valeur constante, et le thermique se trouve intercalé dans le circuit même du résonateur.

Il n'en serait plus ainsi avec un ondemètre à self variable ou si l'on agissait par *induction* sur le circuit du thermique.

2° *Par le décrémètre.* — Quand les systèmes sont en résonance, il existe une relation particulièrement simple entre l'énergie mise en jeu dans le résonateur et les amortissements respectifs des systèmes en présence.

On a alors :

$$(3) \qquad I_0 = \frac{\alpha^2}{\gamma \delta (\gamma + \delta)},$$

en désignant par γ le décrément de l'excitateur et δ le décrément du résonateur accordé.

D'ailleurs, si l'on désigne par i l'indication d'un thermique gradué en ampères. et intercalé dans le résonateur, $I_0 = K i^2$.

Supposons que, laissant le résonateur à l'accord, on fasse varier progressivement son amortissement en modifiant le décrément d'une quantité x variable.

Si l'on attaque le résonateur avec la même énergie d'excitation, on a :

$$K i^2 = \frac{\alpha^2}{\gamma (\delta + x)(\gamma + \delta + x)}.$$

Posons

$$\frac{1}{i} = z,$$

il vient :

$$m^2 z^2 = \gamma (\delta + x)(\gamma + \delta + x),$$

m^2 étant une nouvelle constante.

Si l'on porte les x, c'est-à-dire les variations du décrément en abscisses et les z, c'est-à-dire les inverses du courant, en ordonnées, on obtient une *hyperbole*

$$x^2 - m^2 z^2 + 2 \left(\delta + \frac{\gamma}{2} \right) x + \delta (\gamma + \delta) = 0.$$

dont les asymptotes sont les droites :

$$mz = \pm x + \left(\delta + \frac{\gamma}{2} \right),$$

et le centre un point A de l'axe x, qui a pour abscisse :

$$x_0 = - \left(\delta + \frac{\gamma}{2} \right).$$

Quand γ et δ ont les valeurs, toujours relativement faibles qui se trouvent réalisées dans les systèmes utilisés en T. S. F. les branches de l'hyperbole se confondent pratiquement très vite avec leurs asymptotes.

De sorte que le tracé graphique, et obtenu par points, de la courbe (4) donne une branche de courbe qui se confond sensiblement avec la droite MB.

L'intersection de cette droite avec l'axe des x fournit le point A, centre de l'hyperbole c'est-à-dire donne la valeur numérique de $\delta + \frac{\gamma}{2}$.

La variation progressive du décrément δ s'obtient très simplement en intercalant en série dans le résonateur des résistances non inductives croissantes.

Les valeurs de x sont proportionnelles aux valeurs δ des résistances intercalées, le facteur de proportionnalité $\frac{1}{2L}$ T se déterminant aisément à l'aide d'un étalonnage du résonateur utilisé.

L'appareil qui sert à réaliser les mesures ou *décrémètre* se compose essentiellement d'un *ondemètre*, identique à celui qui a été décrit, c'est-à-dire constitué par un résonateur à circuit fermé, par un condensateur à fiches variables, et un thermique intercalé dans le circuit; et d'une résistance non inductive *variable* susceptible d'être intercalée dans le résonateur et d'en faire varier le décrément. La résistance non inductive est constituée par des bouts rectilignes de fils très courts et de grande résistivité.

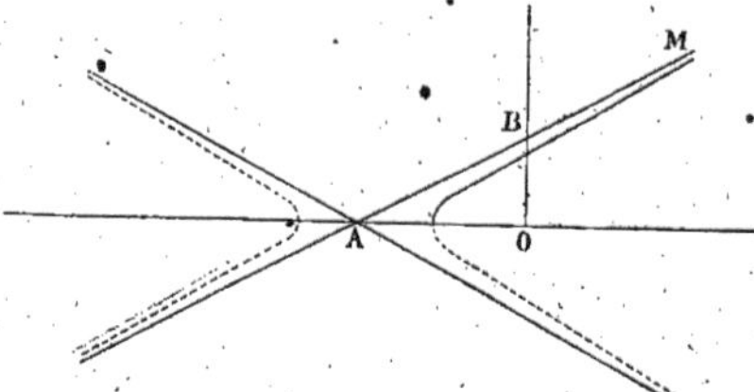

L'introduction de ces résistances dans le résonateur n'en modifie pas la self-induction, et la valeur de la résistance apparente pour la fréquence utilisée demeure la même que celle de la résistance ohmique en courant continu.

Le thermique est gradué en inverse $\frac{1}{i}$ du courant, c'est-à-dire donne, par lecture directe, les valeurs de z qu'il convient d'utiliser pour le tracé graphique.

Emploi de l'appareil. — La mesure comporte deux opérations successives :

1° La résistance non inductive étant à *zéro*, on procède à l'accord du résonateur en manœuvrant les fiches du condensateur *comme dans une mesure à l'ondemètre*, de manière à obtenir la déviation la plus grande possible au thermique (c'est-à-dire la lecture la plus faible, puisque l'échelle est graduée en $\frac{1}{i}$).

Cette première opération donne la période T de la source.

2° Laissant le résonateur à l'accord, on fait varier progressivement la valeur de la résistance intercalée à l'aide d'un curseur (ou, sur certains modèles, à l'aide de fiches) en notant l'indication du thermique correspondante à chacune des valeurs attribuées à la résistance.

Toutes ces opérations doivent, bien entendu, être effectuées à *énergie d'excitation constante*.

On porte alors, sur une feuille millimétrée, en abscisses les valeurs *en ohms* des résistances marquées sur les plots; en ordonnées, les lectures correspondantes $\left(z=\frac{1}{i}\right)$, faites au thermique.

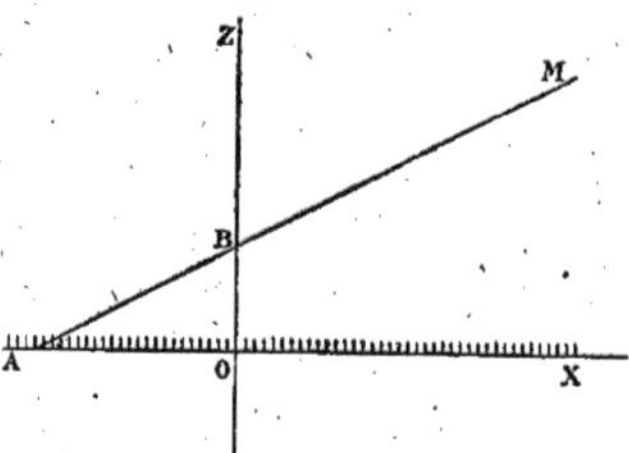

On obtient ainsi une droite MB qui coupe l'axe des x en un point A, dont la distance à l'origine O, évaluée à l'échelle des abscisses (c'est-à-dire en ohms), donne une valeur numérique $x_0=\widehat{OA}$.

On entre avec cette valeur dans une table à double entrée, jointe à l'appareil, qui porte dans une colonne horizontale les périodes (ou longueurs d'onde), et dans une colonne verticale, les résistances x_0, et l'on obtient immédiatement la valeur du décrément de l'antenne.

L'établissement de cette table suppose que l'on ait étalonné au préalable le résonateur, c'est-à-dire déterminé la valeur δ de son décrément propre, ainsi que sa self-induction L_0.

Ces valeurs sont également inscrites sur la table jointe à l'appareil.